Kohlhammer

KinderStärken
Herausgegeben von Petra Büker
Band 9

Die Reihe im Überblick

Band 1:   Petra Büker (Hrsg.): Kinderstärken – Kinder stärken. Erziehung und Bildung ressourcenorientiert gestalten
Band 2:   Petra Völkel: Entwicklung, Lernen und Förderung der Jüngsten
Band 3:   Renate Niesel & Wilfried Griebel: Übergänge ressourcenorientiert gestalten: Von der Familie in die KiTa
Band 4:   Dagmar Kasüschke: Kinderstärkende Pädagogik und Didaktik in der KiTa
Band 5:   Melanie Eckerth & Petra Hanke: Übergänge ressourcenorientiert gestalten: Von der KiTa in die Grundschule
Band 6:   Susanne Miller & Katrin Velten: Kinderstärkende Pädagogik in der Grundschule
Band 7:   Julia Höke & Petra Büker: Bildungsdokumentation stärkenorientiert gestalten
Band 8:   Birgit Hüpping & Petra Büker: Kulturelle Vielfalt. Kinderstärkende Pädagogik
Band 9:   Charlotte Röhner & Marianne Wiedenmann: Kinder stärken in Sprache(n) und Kommunikation
Band 10: Katja Koch: Übergänge ressourcenorientiert gestalten: Von der Grundschule in die weiterführende Schule

Charlotte Röhner
Marianne Wiedenmann

Kinder stärken in Sprache(n) und Kommunikation

Verlag W. Kohlhammer

Dieses Werk einschließlich aller seiner Teile ist urheberrechtlich geschützt. Jede Verwendung außerhalb der engen Grenzen des Urheberrechts ist ohne Zustimmung des Verlags unzulässig und strafbar. Das gilt insbesondere für Vervielfältigungen, Übersetzungen, Mikroverfilmungen und für die Einspeicherung und Verarbeitung in elektronischen Systemen.

Die Wiedergabe von Warenbezeichnungen, Handelsnamen und sonstigen Kennzeichen in diesem Buch berechtigt nicht zu der Annahme, dass diese von jedermann frei benutzt werden dürfen. Vielmehr kann es sich auch dann um eingetragene Warenzeichen oder sonstige geschützte Kennzeichen handeln, wenn sie nicht eigens als solche gekennzeichnet sind.

1. Auflage 2017

Alle Rechte vorbehalten
© W. Kohlhammer GmbH, Stuttgart
Gesamtherstellung: W. Kohlhammer GmbH, Stuttgart

Print:
ISBN 978-3-17-024271-5

E-Book-Formate:
pdf: ISBN 978-3-17-024272-2
epub: ISBN 978-3-17-024273-9
mobi: ISBN 978-3-17-024274-6

Für den Inhalt abgedruckter oder verlinkter Websites ist ausschließlich der jeweilige Betreiber verantwortlich. Die W. Kohlhammer GmbH hat keinen Einfluss auf die verknüpften Seiten und übernimmt hierfür keinerlei Haftung.

Vorwort der Herausgeberin

Das Kind als Gestalter und als kompetenter Akteur seiner Lebens- und Bildungsbiografie: Diese im Sozial-Konstruktivismus verankerte Sicht auf das Kind steht aktuell im Fokus pädagogischer, psychologischer und soziologischer Diskurse sowie in Bildungsplänen für Kinder im Elementar- und Grundschulbereich. Kinder verfügen für die Gestaltung ihrer pluralen, komplexen Lebenswelten über enorme Stärken, die es durch Familie, Peers sowie pädagogische Fach- und Lehrkräfte als kompetente Mit-Akteure zu erkennen und zu stärken gilt: Diese Grundidee wird in der neuen Fachbuch-Reihe Kinder-Stärken aufgegriffen und entlang der Lebensspanne von der Geburt bis zum Übergang in die weiterführende Schule in zehn Bänden kritisch und differenziert beleuchtet. Ein interdisziplinäres Autorenteam, bestehend aus Expertinnen und Experten aus dem Bereich der Früh-, Elementar- und Grundschulpädagogik sowie der Entwicklungspsychologie, widmen sich in jeweils einem Band ausführlich einer spezifischen Lebensspanne, wissenschaftlich fundiert und nah an der pädagogischen Praxis.

Der vorliegende neunte Band der Reihe stellt ein Querschnittsthema in den Mittelpunkt, welches in allen Phasen der kindlichen Lebens- und Bildungsbiografie von grundlegender Bedeutung für die Persönlichkeitsentwicklung und die gesellschaftliche Teilhabe ist: die Entwicklung und Förderung der Sprachkompetenz. Vor dem Hintergrund der sich weiter ausdifferenzierenden Sprachenvielfalt in Kindertageseinrichtung und Grundschule als Folge der neuen Zuwanderungsbewegungen bedingt durch Flucht, Krieg und Vertreibung wie auch durch die Zunahme innereuropäischer Migration handelt es sich hier um ein hoch aktuelles Thema mit Bedarf an professionellen pädagogischen Handlungskonzepten. Bewusst betiteln die Autorinnen ihren Band mit dem Grundgedanken: »Kinder stärken in Sprache(n) und Kommunikation«. So setzen sie sich von dem in der Nach-PISA-Debatte geführten Diskurs um kompensatorische Sprachförderung der Zweitsprache Deutsch für Kinder mit Migrationshintergrund ab und favorisieren den Ansatz der Förderung der individuellen Mehrsprachigkeit und deren Potenziale für die Gestaltung der Kommunikation mit ein- und mehrsprachigen Kindern. Charlotte Röhner, die über einen großen Erfahrungshintergrund durch Forschungsprojekte zur Sprachenförderung in der Grundschule verfügt, und Marianne Wiedenmann als ausgewiesene Sprachheilpädagogin und -therapeutin bündeln ihre Expertisen in diesem fachlich fundierten, hoch informativen Band, der den aktuellsten Forschungsstand und einschlägige theoretische Positionen ebenso aufzeigt wie praktisch handhabbare sprach- und kommunikationsdiagnostische Verfahren und Konzepte alltagsintegrierter mehrsprachiger Bildung für Krippe, Kindertageseinrichtung und Grundschule. Ausführlich arbeiten die Autorinnen heraus, wie neu zugewanderte Kinder mit Fluchterfahrungen kulturell-sprachlich und psychosozial durch Sport und Bewegung integriert werden können. Dabei wird deutlich, welche Potenziale eine konsistent ressourcenorientierte, auf die Förderung natürlicher Mehrsprachigkeit in fächerübergreifenden Settings zielende Konzeption für *alle* Kinder der mehrsprachigen Gruppe beinhalten kann. Auf diese Weise besitzt der vorliegende Band einen hohen Anregungsgehalt für die Weiterentwicklung von Wissenschaft und Praxis in Richtung einer anerkennungs- und teilhabeorientierten Pädagogik, die Mehrsprachigkeit und interkulturelle Kommunikationsfähigkeit als Ressource für die Einwanderungsgesellschaft begreift.

Petra Büker
Paderborn, im Juli 2017

Inhalt

Vorwort der Herausgeberin   5

1	Einleitung: Sprachliche Diversität im Einwanderungskontext und Sprache(n)lernen	11

2	Aufwachsen in mehreren Sprachen: Fallbeispiele sprachlicher Heterogenität	15

3	Theoretische Grundlagen des Spracherwerbs und Meilensteine der Sprachentwicklung	22
3.1	Theorien des Spracherwerbs	23
3.2	Meilensteine der Sprachentwicklung	27

4	Forschungsstand zum mehrsprachigen Spracherwerb	34
4.1	Forschungsstand zum bilingualen Spracherwerb	35
4.2	Forschungsstand zum biliteralen Spracherwerb	42
4.3	Schriftsprach- und Orthographieerwerb bei mehrsprachigen Kinder	50

5	**Sprachdiagnostik und Sprachbeobachtung bei ein- und mehrsprachigen Kindern**	**58**
5.1	Eine Auswahl sprachdiagnostischer Verfahren	59
5.2	Meilensteine als Alarmsignale für Eltern, Fach- und Lehrkräfte	63
5.3	Diagnostische Leitfragen zum Erst- und Zweitspracherwerb	64
5.4	Störungen der sprachlichen Kommunikation	75
5.5	Sieben Fallbeispiele zweisprachiger Kinder mit logopädischer Diagnose und sprach(heil)pädagogischem Förderbedarf	80

6	**Mehrsprachige Erziehung in Kindertagesstätte und Grundschule**	**94**
6.1	Rahmenmodell mehrsprachiger Erziehung	95
6.2	Bilinguale Kindergärten und mehrsprachige Schul- und Unterrichtsentwicklung	99

7	**Sprachbildung und sprachliche Förderung in Krippe, Tagespflege und Kindertagesstätte**	**108**
7.1	Sprache unterstützen von Anfang an	109
7.2	Modellierungstechniken und Sprachlehrstrategien	110
7.3	Alltagsintegrierte Sprachbildung und sprachliche Förderung in den Bildungsbereichen	113

8 Bildungssprachlicher Kompetenzerwerb und fachbezogene Sprachförderung in der Grundschule — 115

8.1	Bildungssprache: Definition und Merkmale	116
8.2	Mehrdimensionaler Referenzrahmen bildungssprachlicher Kompetenzen	117
8.3	Sprachsensibles naturwissenschaftliches Lernen und bildungssprachliche Kompetenzentwicklung	119
8.4	Sprachsensibler Mathematikunterricht und bildungssprachliche Kompetenzentwicklung	127
8.5	Sprachsensibler Sportunterricht und bildungssprachliche Kompetenzentwicklung	135

9 Neu zugewanderte Kinder stärken – kulturell-sprachlich und psychosozial integrieren — 140

9.1	Kulturelle Akkulturation und interkulturelle Kommunikation	141
9.2	Psychosoziale Stabilisierung von Kindern mit Fluchterfahrungen	143
9.3	Psychosoziale Integration durch Sport und Bewegung	144
9.4	Modelle des Unterrichts und der sprachlichen Förderung neu zugewanderter Kinder	145
9.5	Neu zugewanderte Kinder stärken – Das Modell der Libellenschule	153

10 Fazit — 155

Inhalt

Literaturverzeichnis **157**

Quellen **177**

1

Einleitung: Sprachliche Diversität im Einwanderungskontext und Sprache(n)lernen

Spracherwerb und die Förderung der Sprachkompetenz von Kindern und Jugendlichen stellen zentrale Bildungsaufgaben dar, die auf allen Ebenen des Bildungssystems von übergeordneter Bedeutung für die kulturell-soziale Integration und den Schul- und Bildungserfolg der Heranwachsenden sind. Die Sprachkompetenz in der Verkehrs- und Unterrichtssprache ist Voraussetzung und Bedingung, um erfolgreich an Bildungs- und Lernprozessen teilhaben zu können, da sich Lernen immer auch im Medium der Sprache vollzieht und in allen Bildungsinstitutionen vom Elementar- bis in den Sekundarbereich der Schule an Sprache gebunden ist.

1 Einleitung: Sprachliche Diversität im Einwanderungskontext und Sprache(n)lernen

Der Diskurs um die Entwicklung und Förderung der Sprachkompetenz ist in der didaktischen Theoriebildung und Forschung durch bildungspolitische Maßnahmen unterstützt und in vielfältigen Forschungsinitiativen vorangetrieben worden, sodass sprachliche Bildung als umfassende Lern- und Entwicklungsaufgabe vom Elementar- bis in den Sekundarbereich verstanden und beforscht wird (vgl. die Forderung einer *Durchgängigen Sprachbildung* nach Gogolin & Lange, 2010).

Die sprachliche Ausgangssituation in Kindertagesstätten und Grundschulen ist durch eine Sprachenvielfalt geprägt, die sich in Folge kriegs- und armutsbedingter globaler Migrationsbewegungen weiter ausdifferenziert und einen nicht mehr hintergehbaren Bedingungsfaktor in den Bildungseinrichtungen darstellt. Die sprachwissenschaftliche Forschung spricht von einer sprachlichen Super-Diversität, die als Folge neuer Muster der Migration in westlichen Einwanderungsgesellschaften zu beobachten ist (Vertovec, 2007) und die zu einer ›Vervielfältigung von Vielfalt‹ auch in der Bundesrepublik Deutschland führt (Gogolin, 2015, S. 292). Die neue kulturelle und sprachliche Diversität zeigt sich vor allem in urbanen Zentren, die von den neu Zugewanderten bevorzugt werden und die in diesen zu jener Super-Diversität führen, die im internationalen Kontext beobachtet werden kann (Gamlen, 2010). Zur Anzahl von Sprachen, die in europäischen Zuwanderungsregionen gesprochen werden, liegen jedoch nur vereinzelte Studien vor. So zählt eine Erhebung, die in London durchgeführt wurde, ca. 230 Sprachen, die von den Schulkindern gesprochen werden (Eversly, Mehmedbegovic, Sanderson, Tinsley, Von Aln & Wiggings, 2010). Im deutschsprachigen Raum wurden sprachstatistische Erhebungen in Hamburg (Fürstenau et al., 2003), Essen (Chlosta & Ostermann, 2010), Freiburg (Decker & Schnitzer, 2012), Wien (Brizić, & Lo Hufnagl, 2011) und Erfurt (Ahrenholz, Hövelbrinks, Maak & Zippel, 2013) durchgeführt, die je nach der Häufigkeit von Migrationsfamilien in der Untersuchungsregion eine unterschiedliche hohe Anzahl zwischen 36 und 122 Familiensprachen aufweisen. Diese Anzahl von Sprachen dürfte sich in Folge der neuen Zuwanderungsbewegungen in Folge von Flucht,

Krieg und Vertreibung wie Rahmen der innereuropäischen Binnenwanderung insbesondere in den Ballungszentren noch einmal deutlich erhöht haben. Eine von Römhild und Vertovec (2009) in Frankfurt am Main durchgeführte Erhebung kann das Phänomen der sprachlichen Super-Diversität, das in Folge der neuen transnationalen Migrationsbewegungen entsteht, beispielhaft illustrieren.

Der Blick auf die sprachliche Ausgangssituation von mehrsprachigen Kindern in Kindertagesstätte und Grundschule wurde bisher in der bundesrepublikanischen Diskussion um den mangelnden Kompetenzerwerb in der Zweitsprache Deutsch überlagert, der in der Post-PISA-Debatte eine hohe Aufmerksamkeit erfuhr und zu einer einseitigen Priorisierung des Deutschen in der sprachlichen Förderung von Kindern nicht-deutscher Herkunftssprache führte. In den Bildungsinstitutionen wird die Förderung der individuellen Mehrsprachigkeit nicht favorisiert. Stattdessen wird die natürliche Mehrsprachigkeit, die multilinguale Kinder mitbringen, als Bildungshindernis angesehen und eine einseitige sprachliche und kulturell soziale Integration und Anpassung erwartet, statt die mitgebrachte Mehrsprachigkeit der zugewanderten Bevölkerungsgruppen anzuerkennen und als spezifische sprachliche Ressource zu fördern. Dieser monolinguale Habitus der Schule, den Gogolin bereits in den 1990er Jahren kritisierte, ist angesichts einer sich weiter ausdifferenzierenden sprachlichen Heterogenität in den Bildungseinrichtungen nicht mehr tragfähig. Das verbreitete professionelle Nicht-Wissen pädagogischer Fachkräfte im Umgang mit sprachlicher Diversität muss in ein pädagogisches Handlungswissen überführt werden, das dem fachlichen Wissen um Sprachenlernen und Mehrsprachigkeit entspricht und in pädagogisch-didaktisch angemessene Formate des Lehrens und Lernens in mehrsprachigen Gruppen übersetzt.

Wie die sprachlichen Ressourcen der mehrsprachigen Kinder gestärkt und ihre sprachliche Kompetenzentwicklung in der Kommunikation mit einsprachigen Kindern in den Bildungseinrichtungen von Kindergarten und Grundschule unterstützt werden können, ist Gegenstand unseres Bandes »Kinder stärken in Sprache(n) und Kommunikation«, das den Sprache(n)erwerb in der Einwanderungsgesellschaft diskutiert und die neue sprachliche Diversität zum Ausgangspunkt sprachlichen Lernens mit und unter Kindern macht, die sehr unterschiedliche sprachliche Biographien mitbringen. Auf der Grundlage des linguistischen Wissens zu Spracherwerb und Mehrsprachigkeit werden Erwerbsbedingungen der Sprache, ihre Diagnostik sowie Vorteile und Schwierigkeiten bi- und multilingualer Erwerbsprozesse dargestellt und erörtert, welche Schlussfolgerungen sich daraus für das Sprache(n)lernen, die sprachliche Bildung und die Förderung der sprachlichen Stärken und Kompetenzen von Kindern ziehen lassen. Dazu werden sowohl der Forschungsstand zu Spracherwerb und Mehrsprachigkeit als auch praktikable Arbeits- und Handlungsmodelle mehrsprachiger Erziehung und Bildung in informellen und fachlichen Kontexten vorgestellt, wie sie in der sprachwissenschaftlichen wie sprachpädagogisch-didaktischen Forschung entwickelt und in der Diskussion sind. Die Entwicklung und Förderung der Bildungssprache werden ebenso einbezogen wie Modelle einer mehrsprachig-interkulturellen Sprachbildung, die »ihren Ausgangspunkt bei der Beobachtung *inner*gesellschaftlicher Kommunikationsprobleme und deren Konsequenzen für sprachliche Bildung« nehmen und »durch Unterricht zum besseren Verständnis mit sprachlicher Heterogenität und Pluralität befähigen, die zu den alltäglichen Spracherfahrungen der Menschen in der mehrsprachigen, multikulturellen Gesellschaft gehören« (Gogolin, 1995, S. 107 f.). Einem solchen Verständnis interkulturell-sprachlicher Bildung wird in diesem Band gefolgt und es werden praktikable Ansätze und Konzepte mehrsprachigen Lernens erörtert, die im Kindertagesstättenbereich wie in der Grundschule darauf zielen, die sprachlichen Ressourcen der ein- und mehrsprachigen Kinder zu stärken und im sprachlichen Lernen wechselseitig zur Geltung zu bringen. Auch werden schulorganisatorische Modelle der zweisprachlichen Förderung, wie sie in der aktuellen Debatte um die Beschulung neu zugewanderter Kinder in den einzelnen Bundesländern etabliert sind, kritisch miteinbezogen.

2

Aufwachsen in mehreren Sprachen: Fallbeispiele sprachlicher Heterogenität

Kinder mit mehr als einer Sprache sind in vielen Kindertagesstätten und Grundschulen die Regel. Die folgenden Sprachbiographien von Ebru, Alessia und Vladimir, die bei Küpelikilinc und Özbölük (2016, S. 12 ff.) zu finden sind und die wir in gekürzter Fassung wiedergeben, vermitteln einen anschaulichen Einblick in die sprachliche Welt und die individuelle Vielfalt mehrsprachiger Kinder:

Ebru (9 Jahre)

- Eine Schwester im Alter von fünf Jahren
- Vater in Deutschland aufgewachsener Türke, Fabrikarbeiter

- Mutter: Aufgrund der Eheschließung nach Deutschland eingewanderte Türkin mit türkischem Realschulabschluss, aktuell in Weiterbildung

Die sprachliche Welt von Ebru
Die ersten Jahre haben beide Eltern mit Ebru ausschließlich Türkisch gesprochen. Die Mutter besuchte einen Deutschkurs, und Ebru war vom ersten bis zum dritten Lebensjahr dreimal pro Woche in der Kinderbetreuung und begann dort bereits die ersten deutschen Wörter zu sprechen. Nach ca. einem Jahr im Kindergarten merkten die Eltern, dass sie zunehmend unbeabsichtigt Deutsch mit Ebru sprachen und beschlossen, zu Hause konsequent auf das Türkischsprechen zu achten; der Vater aber spricht seitdem außer Haus fast immer Deutsch mit Ebru. Weiter gibt es zu Hause die Vereinbarung, dass bei den Hausaufgaben nur Deutsch gesprochen wird. Seit einem Jahr besucht die Mutter eine berufliche Weiterbildung; um ihr mit der deutschen Sprache zu helfen, hat sie die Familie gebeten, beim Abendessen deutsch zu sprechen.

Ebrus Mutter hat ihr auf Türkisch oft vorgelesen. Durch den Kindergarten entstand der Kontakt zur Stadtbücherei und seitdem liest der Vater den beiden Schwestern auf Deutsch vor, was allerdings aufgrund seiner Schichtarbeit nicht immer möglich ist.

Seit einigen Jahren merken die Eltern, dass die beiden Schwestern immer Deutsch miteinander sprechen, egal wie oft die Eltern sie anregen, zu Hause Türkisch zu sprechen.

In der Schule gibt es keinen Türkisch-Unterricht, was die Eltern sehr bedauern.

Türkisch sehr gut, Deutsch sehr gut, neuen Sprachen gegenüber ist Ebru sehr neugierig und aufgeschlossen. Sie merkt sich gerne Aussagen ihrer Freundinnen in deren Erstsprache und ›Vokabeln‹, die sie hier und dort aufschnappt, wie z. B. die Farben auf Englisch. Sie spielt zudem gerne mit ihren Sprachen, so erfindet sie sprachübergreifende Reime wie beispielsweise Viereck-Kelebek (Schmetterling). Sie liest gerne in beiden Sprachen, schreibt aber lieber in Deutsch.

Das Fallbeispiel Ebrus repräsentiert Reich (2008) folgend den Normalfall einer sukzessiv bilingualen Erziehung von Kindern aus Migrationsfamilien, bei der die Erstsprache zunächst dominant ist und die später innerfamilial zunehmend auf den Erwerb der Zweitsprache ausgerichtet wird. In Ebrus Familie ist in den Sprachpraxen auch jene Sprachbewusstheit zu beobachten, die zu einer balancierten Zweisprachigkeit auf hohem Niveau führt, wie sie bei Ebru zu finden ist. Ebru zeigt die von Reich analysierte extrovertierte sprachlich-produktive Grundhaltung, die den Erwerb einer ausgewogenen Zweisprachigkeit auf hohem Niveau begünstigt (ebd., S. 256). Sie gehört auch zu den Einzelfällen von Kindern, die in der Entwicklung der Erstsprache nicht stagnieren oder retardieren. Gleichwohl ist zu vermuten, dass die türkische Schrift- und Hochsprache nicht erworben wird und das sprachliche Kompetenzniveau im Türkischen alltagssprachlich ausgerichtet ist. Im Türkischen wird kein hoch- und bildungssprachliches Niveau erreicht werden können, da kein Unterricht in der Herkunftssprache erteilt wird.

Im folgenden Fallbeispiel Alessias wird ein Kind vorgestellt, das in einer bildungsnahen, mehrsprachigen Familie mit gehobenem Sozialstatus aufwächst (Küpelikilinc & Özbölük, 2016, S. 13):

Alessia (9 Jahre)

- Einzelkind
- Vater: In Deutschland aufgewachsener Italiener, Ingenieur
- Mutter: In Deutschland aufgewachsene Türkin, Juristin

Die sprachliche Welt von Alessia
Als Alessia selbst zu sprechen begann, hat ihre Mutter mit ihr hauptsächlich Türkisch gesprochen. Nur in Anwesenheit des Vaters, der das Türkische nicht versteht, sprach die Mutter Deutsch mit ihr. Ihr Vater seinerseits hat mit ihr hauptsächlich Deutsch, aber auch hin und wieder Italienisch gesprochen. Als Alessia selbst anfing zu sprechen, waren viele der Wörter, die sie sprach, türkisch, so dass der Vater, der nun nicht verstand, was sein

Kind sprach, sehr verunsichert war. Er beriet sich mit dem Kinderarzt, der ihm irrtümlicherweise sagte, drei Sprachen seien zu viel für ein Kind. Auch wenn die Mutter weiterhin den Wunsch hegte, ihr Kind mehrsprachig zu erziehen, hatte sie Verständnis für die Position ihres Mannes und sprach von nun an nur Deutsch mit Alessia. Die Vermittlung der türkischen Sprache schob sie vorerst auf. Als Alessia ca. drei Jahre alt und im Spracherwerb weit vorangeschritten war, begann die Mutter wieder vermehrt in Abwesenheit des Vaters Türkisch zu sprechen.

Sprachliche Kenntnisse von Alessia
Deutsch sehr gut, Italienisch und Türkisch versteht sie, formuliert selbst aber keine Sätze in den jeweiligen Sprachen. Formelhafte Äußerungen wie z. B. Danke, Bitte, Guten Tag kann sie in Türkisch zwar besser, aber auch in Italienisch äußern. Mit ihren Großeltern, die zwar auch in Deutschland wohnen, kann sie sich nur auf Deutsch unterhalten. Im Deutschen ist sie sehr sprachgewandt und verfügt über einen großen Wortschatz.

In Alessia wird ein mehrsprachiges Kind portraitiert, das potentiell dreisprachig aufwächst und im Ergebnis den Fall einer unbalancierten Mehrsprachigkeit mit Dominanz des Deutschen repräsentiert (Müller et al., 2013), das der ambivalenten bis widersprüchlichen Haltung der Eltern gegenüber einer mehrsprachigen Erziehung geschuldet ist. Eine balancierte Zweisprachigkeit, die Alessia vermutlich in zwei der drei Sprachen ihrer Familie hätte erreichen können, wurde nicht erzielt; insofern wurde das sprachliche Potential der mehrsprachigen Familie, die auch aufgrund ihres Bildungsstatus eine explizites sprachförderliches Milieu bietet, nicht ausgeschöpft und die sprachlichen Ressourcen nicht genutzt. Inwieweit eine dreisprachige Entwicklung möglich gewesen wäre, muss offen bleiben. Obwohl man aufgrund der allgemeinen wie der linguistischen Vorteile früher Mehrsprachigkeit davon ausgehen kann, dass dies erfolgreich und möglich ist, muss in diesem Zusammenhang darauf hingewiesen werden, dass eine linguistische Grundlagenforschung zu trilingualen Erwerbsprozessen noch in den Anfängen steht und insofern nur hypothetische Annahmen zu solchen mehrsprachigen Entwicklungsverläufen möglich sind.

In der Sprachbiografie Vladimirs wird ein Kind portraitiert, das in einer Aussiedlerfamilie aufwächst, die bei ihrer Immigration nach Deutschland selbst nicht über die deutsche Sprache verfügte und in der Person des Vaters bis heute noch nicht ausreichend verfügt. Zu welchen sprachlichen Dilemmata und Problemen dies in den Sprachpraxen und in der sprachlichen Erziehung der Familie führte, ist in der Falldarstellung eindrücklich dokumentiert (Küpelikilinc & Özbölük, 2016, S. 16):

Vladimir (9 Jahre)

- Ein vier Jahre älterer Bruder
- Mutter: Spätaussiedlerin, in Kasachstan geboren, Muttersprache Russisch, Kassiererin in einem Supermarkt
- Vater: Kasache, seine Familie lebt noch in Kasachstan, Muttersprache Russisch, zur Zeit arbeitslos
- Eltern der Mutter sprechen muttersprachlich Deutsch mit Dialektfärbung und leben in Deutschland

Die sprachliche Welt von Vlamimir
Vladimirs Eltern sind ohne Deutschkenntnisse vor 13 Jahren auf Wunsch der Mutter nach Deutschland gekommen. Vladimirs Mutter hat einen leichteren Zugang zur deutschen Sprache. In ihrer Heimat waren beide Eltern berufstätig. Seit dem Umzug nach Deutschland ist der Vater arbeitssuchend. Die Mutter hat mittlerweile eine feste Anstellung als Kassiererin in einem Supermarkt. Vladimirs Mutter hatte in den ersten Jahren große Sorgen, als Ausländerin negativ aufzufallen. Damit ihre Kinder es leichter haben, hat sie mit dem älteren Bruder von Vladimir nur Deutsch gesprochen und auch den Vater dazu aufgefordert. Der Vater macht sich Sorgen, dass die Kinder ihren Kontakt zu seiner Verwandtschaft in Kasachstan verlieren, wenn sie ihr Russisch nicht

pflegen. Gleichzeitig fühlt er sich nicht authentisch, auf Deutsch, also in einer Sprache mit seinen Kindern zu sprechen, in der er sich selbst nur schwer ausdrücken kann. Daher kam es häufig zu Meinungsverschiedenheiten zwischen den Eltern, die dann auf Russisch ausgetragen wurden, so dass die Kinder Russisch als die Sprache des Streits erlebten. Als der fünfjährige, ältere Sohn sprachliche Auffälligkeiten zeigte, ließ die Mutter sich beraten. Sie erfuhr, dass es sehr wichtig sei, in der Sprache mit den Kindern zu kommunizieren, in der die Eltern sich wohlfühlen, und dass das Sprechen der Familiensprache der Kinder nicht dabei hindere, Deutsch zu lernen, sondern das Deutschlernen unterstütze. Daraufhin schlug die Mutter einen Kurswechsel ein. Zu diesem Zeitpunkt war Vladimir ein Jahr alt. Mittlerweile wird zu Hause von der Mutter zunehmend und vom Vater ausschließlich Russisch gesprochen. Auch die Familiensituation ist harmonischer. Vor allem der Vater freut sich, dass ihm nun ein weites Spektrum an Möglichkeiten zur Verfügung steht. Vorher konnte er seinen Kindern nicht vorlesen, nicht mit ihnen singen oder scherzen. Nun stehen ihm alle diese Möglichkeiten offen. Die Geschwister sprechen hauptsächlich Deutsch untereinander. Vladimir spricht seinen Bruder zwar manchmal auf Russisch an, dieser blockt dann aber ab. Im Freundeskreis der Familie befinden sich viele russische Familien, so dass der Kontakt zur russischen Sprache nicht nur durch die Eltern gegeben ist.

Sprachliche Kenntnisse von Vladmir
Vladimirs sprachliche Kenntnisse sind sowohl im Russischen als auch in Deutsch gut.

Über die Notwendigkeit des Erwerbs der Verkehrssprache als einer unabdingbaren Bedingung und Voraussetzung der Integration neu Zugewanderter besteht im öffentlichen wie fachlichen Diskurs ein einhelliger Konsens. Am Einzelfall Vladimirs kann exemplarisch gezeigt werden, welche Problemlagen sich durch eine einseitige Priorisierung des Deutschen in den mehrsprachigen Familien ergeben können. Aufschlussreich ist in diesem Zusammenhang der Befund von Klassert/Gagarina (2010), die bei russischen Migrantenkindern zeigen konnten, dass die Verwendung der deutschen Sprache in der Familie die Deutschkompetenz nicht steigern konnte, die Russischkompetenz aber schwächt. Im Hinblick auf die anerkannte Bedeutung des Zweitspracherwerbs ist die Verwendung des Deutschen durch die Mutter Vladimirs eine sprachlich legitime Entscheidung. Diese Sprachpraxis geriet aber mit den kommunikativ ebenso legitimen Erwartungen des Vaters an den Gebrauch der Erstsprache Russisch in Konflikt, die erhalten bleiben soll, um die familiären Kontakte zur Herkunftsfamilie in Kasachstan aufrecht erhalten zu können. Die Spannungen, die sich dadurch in der Familie ergeben, werden aber durch die Eltern konstruktiv gelöst, da sich die Mutter im Sprachenkonflikt beraten ließ und die Erstsprache Russisch wieder innerfamiliär genutzt wird, sodass das mehrsprachige Potential der Familie erhalten bleibt und die Kinder bilingual aufwachsen können. Tendenziell steht dieses Fallbeispiel für die sprachlichen Dilemmata, die in ähnlicher Weise auch in den neu zugewanderten Flüchtlingsfamilien auftreten und für die durch eine entsprechende Beratung der Bildungsinstitutionen, in denen die Kinder aufgenommen werden, Lösungen gefunden werden können

Die sprachliche Super-Diversität in Kindertagesstätten und Schulen stellt eine Herausforderung für pädagogische Fachkräfte und Grundschullehrkräfte dar, der sich die Bildungseinrichtungen zukünftig verstärkt stellen müssen, wenn man die sprachlichen Ressourcen der mehrsprachigen Kinder konstruktiv aufgreifen und als ein besonderes Potenzial wertschätzen will. Auch die aktuell neu zugewanderten Kinder kommen mit einer Vielfalt an Herkunftssprachen in das Bildungs- und Betreuungssystem und lernen sukzessiv bi- oder multilingual Deutsch als weitere Sprache. Wie Spracherwerbsprozesse verlaufen und was man zu Effekten bilingualer und biliteraler Erwerbsprozesse aus der Forschung weiß, wird nachfolgend erörtert, um ein linguistisch-sprachwissenschaftlich abgesichertes Fundament mehrsprachiger Erziehung und Bildung zu begründen zu können.

3

Theoretische Grundlagen des Spracherwerbs und Meilensteine der Sprachentwicklung

Eine Grundsatzfrage der Sprachwerbstheorie ist, ob sich Sprache eher von innen nach außen oder bedingt durch soziale Einflüsse entwickelt. Die Diskussion um diese wird als »Input-output-Kontroverse« bezeichnet. Verschiedene Forschungsansätze und Theorien beleuchten unterschiedliche Aspekte im Spracherwerbsprozess und ihre Denkmodelle spiegeln unterschiedliche Arten der Sprachaneignung mit unterschiedlicher Schwerpunktsetzung, was Konsequenzen für die Entwicklung von Diagnose- und Förderkonzepten in der Praxis hat. Im Folgenden wird ein Überblick zu den Spracherwerbstheorien, ihren Annahmen, Befunden und Grenzen gegeben, die im wissenschaftlichen Diskurs leitend sind: Daran schließt sich die Darstellung von Meilensteinen des Spracherwerbs an.

3.1 Theorien des Spracherwerbs

Der folgende Überblick umfasst leitende Theorien des Spracherwerbs, wie sie in unterschiedlichen disziplinären Kontexten entwickelt sind, und umfasst den nativistischen, lerntheoretischen, kognitivistischen, interaktionistischen, psychoanalytischen, kulturhistorisch-tätigkeitstheoretischen und relationalen Ansatz.

Nativistischer Ansatz

Der nativistische Ansatz von Chomsky geht davon aus, dass die Fähigkeit des Menschen zum Erwerb der Sprache auf genetische Disposition zurückzuführen ist, wonach in jedem Kind eine Universalgrammatik genetisch verankert ist. Chomskys Language-Aquisition-Device-Modell (LAD-Modell) besagt, dass das Kind über ein generelles Wissen in Bezug auf Form und Substanz von Sprache bzw. Grammatik verfügt. Ein Kind kann demnach über die Struktur der rezipierten Sprache Hypothesen bilden und diese auch bewerten (Klann-Delius, 2008). Der Erwerb der Sprache erfolgt durch langsames Reifen und Anwenden dieses genetisch verankerten Wissens. Dieses Modell kann jedoch weder die systematische Entwicklungsabfolge beim Spracherwerb erklären, noch kann damit gezeigt werden, ob die Grammatik vom Kind tatsächlich korrekt gebildet wird.

Wird der Erwerb von Sprache/n biogenetisch durch angeborene Mechanismen auf der Basis individueller Reifungsprozesse erklärt, so dominiert die Annahme, dass (nur) die Zielstrukturen auf den verschiedenen linguistischen Ebenen (Laut-, Wort-, Satzebene) optimal präsentiert werden müssen, um das sprachsystematische Regelwissen aufzubauen (Chomsky, 1965; Clahsen, 1986; Pinker, 1995).

Lerntheoretischer Ansatz unter behavioristischer Perspektive

Spracherwerb passiert nicht einfach automatisch, wie Chomsky postuliert: »Spracherwerb ist [...] something that happens to you« (Chomsky zit. nach Klann-Delius, 1999, S. 53), sondern Sprache muss wie jedes andere Verhalten gelernt werden. Der imitationsorientierte Ansatz geht von Reiz-Reaktions-Mechanismen aus, die das Kind prägen. Wird Sprache/n-Lernen ausschließlich lerntheoretisch unter behavioristischer Perspektive im Sinne von Skinner (1957) betrachtet, so stehen Lernen am Modell durch Imitation und Verstärkung im Vordergrund: Satzmuster mit pattern practice, z. B. Übungen der Mundmotorik, Silben- und Reimspiele oder Lautgebärden mit Handzeichen.

Kognitivistischer Ansatz

Entwicklungspsychologen gehen weder von angeborenen Spracherwerbsmechanismen noch von Lerntheorien aus, sondern von der sensomotorischen Entwicklung. Nach Piaget ist der Erwerb der Sprache eng an die Denkfähigkeit des Menschen gekoppelt. Demnach entwickelt sich das Denken bzw. die Intelligenz in aufeinander aufbauenden Stufen, die jeweils von spezifischen Denkstrukturen gekennzeichnet sind (Montada, 2002, S. 418). Demnach geht das Denken dem Sprechen voraus. Die Sprachentwicklung ist eng an die Entwicklung des Denkens bzw. der Intelligenz gekoppelt. Eine dynamische Interaktion zwischen Mensch und Objekt ist Grundlage dieses konstruktivistischen Intelligenzbegriffs, der eine wechselseitige Verknüpfung zwischen Sprache und Denken voraussetzt. Kognitivistische Theorien (u. a. Piaget, 1975; Bowerman, 1977) wenden Kontrastiv- und Metasprach-Methoden bei der Erklärung von Syntax und Semantik an. Dysfunktionale Sprachproduktionen sollen z. B. durch Minimalpaar-Übungen durch Vergleich bewusst gemacht werden.

Interaktionistischer Ansatz

Bei diesem Ansatz wird das gesellschaftliche Umfeld einbezogen. Es wird davon ausgegangen, dass Kinder schon von Geburt an kognitive und soziale Kompetenzen mitbringen, die sich förderlich auf den Spracherwerb auswirken. So lernen Kinder sprechen, um mit ihrer sozialen Umwelt in Kontakt treten und kommunizieren zu können. Die Aneignung von Regeln der Sprache und Wortschatz ergibt sich demnach aus der Interaktion mit der sozialen Umwelt. Interaktionisten wie Bruner erklären den Spracherwerb weder durch angeborene Mechanismen, noch durch nachahmendes Lernen, sondern durch die sprachliche Interaktion zwischen Kind und Eltern, die schon früh durch sensible Berücksichtigung der vorsprachlichen Äußerungen eines Kindes die Grundlagen für einen gelingenden Spracherwerb legen.

Psychoanalytischer Ansatz

Auf der Basis der Theorie von Freud steht die Eltern-Kind-Beziehung mit Störungen im Bindungsverhalten im Mittelpunkt. Es gibt Weiterentwicklungen von Winnicott (1969) und Klein (1962). Psychoanalytische Betrachtungsweisen lenken die Aufmerksamkeit auf die Regulierung der Affektbasis in der Eltern-Kind-Beziehung und räumen dem Symbolspiel einen hohen Stellenwert ein.

Kulturhistorisch-tätigkeitstheoretischer Ansatz

Vygotskij (1934) und Lurija (1969) definieren den Spracherwerb dialektisch als Zusammenwirken von intrapsychischer Erfahrung und extrapsychischer sozialer Tätigkeit. Kulturhistorisch-tätigkeitstheoretisch gesehen erfolgt die Sprachaneignung durch eine angemessene soziale Gestaltung der Zone der nächsten sprachlichen Entwicklung mit Blick auf das Lernen von Gleichaltrigen und Hilfestellungen durch Scaffolding.

Relationaler Ansatz

Nachdem Emotionen wieder mehr in das Blickfeld gerückt sind, werden Theorien darauf hin überprüft, wieweit sie die Emotionen integrieren oder negieren. Im Hinblick auf das sprachliche Lernen wird nicht nur kognitives Wissen, sondern intersubjektive Bedeutung wichtig genommen. Die Bezugsperson soll nicht nur als Sprachmodell dienen, sondern als emotionaler Kommunikationspartner zugewandt wirken. »Relationale Spracherwerbstheorien sind eine aktuelle Weiterentwicklung interaktionistischer Theorien, die auf Basis jüngster neurowissenschaftlicher Erkenntnisse die relationalen Emotionen und deren intersubjektive Spiegelung als einen bzw. sogar den wesentlichen Organisator der kommunikativ-sprachlichen Entwicklung des Kindes fokussieren« (Lüdtke, 2010, S. 31).

Je nach der theoretischen Position ergeben sich unterschiedliche Erklärungsmodelle als Basis für Diagnose- und Förderkonzepte. So ist die Annäherung der Kinder- an die Erwachsenensprache kein linearer bewusst gesteuerter Prozess, der ausschließlich durch Imitation und Verstärkung erklärbar ist, sondern durch ein Zusammenspiel vielfältiger Variablen. Bei der Sprachaneignung wirken nach der modernen Spracherwerbstheorie kognitive, genetische und interaktive Faktoren zusammen (Bredel, 2005, S. 83). Der sprachliche Kompetenzzuwachs ist als Resultat einer eigenaktiven Auseinandersetzung des Kindes mit der umgebenden sprachlichen und nicht-sprachlichen Wirklichkeit zu verstehen.

3.2 Meilensteine der Sprachentwicklung

In einem Referenzrahmen zur altersspezifischen Sprachaneignung, den Ehlich, Bredel und Reich (2008) vorgelegt haben, werden die umfangreichen Forschungsgrundlagen zum Erst- und Zweitspracherwerb wissenschaftlich detailliert dargestellt, die zur Formulierung von Meilensteinen geführt haben. Der linguistische Forschungsstand zur Sprachaneignung von Kinder ab dem dritten bis ungefähr zum 12. Lebensjahr ist im Referenzrahmen wissenschaftlich fundiert aufbereitet. Die Breite der Aneignung sprachlicher und kommunikativer Fähigkeiten wird aufgefächert nach phonischen, pragmatischen, semantischen, morphologisch-syntaktischen, diskursiven und literalen Basisqualifikationen, die im Spracherwerb leitend sind. Der Schwerpunkt liegt beim Erwerb des Deutschen; in einem eigenen Kapitel werden die besonderen Bedingungen der Aneignung des Deutschen als zweiter Sprache behandelt. Der folgende Überblick zu Meilensteinen des Spracherwerbs stellt die zentralen Erwerbsschritte dar, die nicht als starre zeitliche Abfolge zu verstehen sind, sondern individuell spezifisch erworben werden. Die Meilensteine beziehen sich auf die phonetisch-phonologische, semantisch-lexikalische, syntaktisch-morphologische und pragmatisch-kommunikative Sprachebenen.

Phonetisch-phonologische Meilensteine

Für den Lerner des phonischen Systems des Deutschen liegen besondere Herausforderungen im Lautsystem der Vokale und Konsonanten. Die Umlaute /ü/ und /ö/ kommen selten in Sprachen der Welt vor, ebenso wie die Diphthonge /au/, /eu/ und /ei/. Im Deutschen ist die Länge und Kürze der Vokale bedeutungsunterscheidend, z. B. Miete, Mitte. Die Qualität und Dauer der Vokale hängt von der Betonung der Silbe ab. In betonten Silben wird zwischen Kurz- und Langvokalen unterschieden, denen jeweils ein länger bzw. kurz artikulierter Konsonant folgt. Im Lautsystem der Konsonanten werden Verschlusslaute

(Plosive) durch das Merkmal stimmhaft-stimmlos charakterisiert: /p/, /t/, /k/ und /b/, /d/, /g/. Die Reibelaute (Frikative) /s/, /sch/, /f/, /w/ mit der Unterscheidung von ach-Laut und ich-Laut bedeuten eine große Herausforderung für das Kind, ebenso wie /pf/, /ts/, /tsch/ (Affrikaten). Häufig ist im Deutschen der Hauchlaut /h/ und relativ selten wird nasaliert (vgl. ebd., S. 14).

Die Tabelle nach Kannengieser (2009, S. 52) dient der Orientierung für die Erwerbsabfolge der Laute im Deutschen.

Tab. 1: Erwerbsabfolge der Laute im Deutschen

Erwerbsalter	Erworbene Laute und Lautverbindungen (Silben)
ca. 1–1,5	Übergang vom Lallen zum Sprechen: offene Silben /ma/, /bebe/ Erste ›Protowörter‹
ca. 1,5–2	Alle Vokale in Verbindung mit m, n, p, b, t, d, l, (vordere Verschlusslaute) h; geschlossene Silben; Zahl der erkennbaren Wörter nimmt zu
ca. 2–2,5	f, v, pf
ca. 2,5–3	k, g, j, ch (ich), x (ach), ng, r
ca. 3–3,5	bl, br, fl, fr, dr, tr, gl, kl; komplexe Silben
ca. 3,5–4	gr, kr, kf
ca. 4,5–5	Sch, s, z, ts, schm, schn, schr, schp, schl, scht, schtr, kns

Schon im Uterus können Föten Laute wahrnehmen und bevorzugen die Stimme der Mutter. Neugeborene reagieren unterschiedlich auf Stimmen der Mutter- oder Fremdsprache. Bis zum 6. Monat können Säuglinge alle Laute wahrnehmen, die in Sprachen der Welt existieren. Danach spezialisieren sie sich auf die Laute, die sie häufig in ihrer Umgebung hören, also auf das Lautinventar von L1. So lernen Kleinkinder, lautliche Kontraste und die Anordnung der Laute in der Silbenstruktur wahrzunehmen. Prosodische Eigenschaften der Erstsprache wie Rhythmus, Klang und Intonation können identifiziert werden. Mit 6 Monaten wird zwischen sprachlichen und nichtsprachlichen Lauten differenziert, und das Kind bewegt den Kopf zur Schallquelle, sofern das physiologische Hören nicht beeinträchtigt ist, und produziert selbst Gurgel- und Sprudellaute, Schmatz- und Zischlaute, Vokallaute und erste Kehllaute. Nach Untersuchungen von Jusczyk et al. (1993) konnten amerikanische Babies mit 9 Monaten englische von niederländischen Wortlisten unterscheiden. Kurz vor dem ersten Geburtstag entstehen Lalldialoge und Silbenverdoppelungen, die sich wie »mama« »papa« anhören und als erste Wörter interpretiert werden. Lang klingende und kontrastierende Laute sind leichter zu unterscheiden als kurz und ähnlich klingende Phone. Wie in der Tabelle von Kannengieser ersichtlich ist, werden zuerst die vorderen Konsonanten dann die hinteren Konsonanten gebildet, die schwerer zu artikulieren sind. Oft ist bei Zweijährigen zu beobachten, dass Laute zwar isoliert korrekt ausgesprochen werden können, aber noch nicht richtig im Wortzusammenhang, was erst später vorkommt, da die phonemische Unterscheidung eine komplexere Leistung ist. Das gilt besonders für schwierige Lautkombination bl/, /kn-/, /kr/, /gr/, /kl-/, /gl-/, /dr-/,/br-/ und die Zischlaute /s/, /z/, /x/. »Während des Worterwerbs sind verschiedene Lautveränderungen (phonologische Prozesse) zu beobachten, die speziell die Sprache von Kindern charakterisieren. Diese Erscheinungen sind vorübergehend und meist dadurch gekennzeichnet, dass sie die Zielform vereinfachen und dem jeweiligen Sprachstand des Kindes anpassen. Die Kinder nutzen also bestimmte Strategien, um für sie schwierige Strukturen und Laute zu umgehen« (Ehlich, Bredel & Reich, 2008, S. 26). In der Entwicklung gibt es eine große Bandbreite von intra- und interindividuellen Unterschiede in den sog. phonologischen Prozessen der Annäherung an die zielsprachliche Norm.

Semantisch-lexikalische Meilensteine

Etwa um den ersten Geburtstag reagiert ein Kind auf seinen Namen, zeigt erstes Wortverständnis, werden aus bedeutungsfreien Lautäußerungen erkennbare Wörter, z. B. Las(ch)i für Flasche. Das Kind reagiert auf Zeigewörter »da« und versteht erste einfache Fragen. Das Kind reagiert auf den eigenen Namen, imitiert Gebärden mit Bedeutung, »bitte, bitte«, »winke, winke«, und sucht erstmals Gegenstände auf Aufforderung. Mit etwa einem Jahr entstehen erste Wörter mit Silbenverdopplungen Mama, Papa, Didi. Mit etwa 18 Monaten zeigt ein Kind auf Körperteile, hört beim Bilderbuchvorlesen zu, deutet auf Bilder nach Aufforderung, benennt bekannte Dinge, Wortschatz ca. 25 Wörter. Aus Nomen und Partikeln entstehen erste elementare Wortkombinationen aus mehreren Wörtern, wobei Verben meist im Infinitiv stehen. Mit 2 Jahren nimmt der Wortschatz rapide zu (bis zu 200 Wörter), Zwei- bis Dreiwortsätze werden gebildet, Fragen werden mit aufsteigender Satzmelodie ausgedrückt und Verben, Adjektive und Adverbien werden eingesetzt. Etwa mit 30 Monaten beginnt ein Kind, von sich als »ich« zu sprechen, entwickelt Wortneuschöpfungen z. B. »battarieren für reparieren mit einer Batterie«. Mit etwa 3 Jahren versteht ein Kind Gegensätze, bildet erste Nebensätze und nutzt W-Fragen wer, was, wo, wann, wie. Mehrwortäußerungen werden häufiger, das Verb wird im Satz an die 2. Stelle gestellt. Das Kind versteht fast alles, was es hört, und verwendet Artikel, Präpositionen und Personalpronomen. Mit 3 ½ Jahren wächst Wortschatz quantitativ und qualitativ, umfasst zwischen 750–800 Wörter und auch schon abstrakte Begriffe »Urlaub«. Mit 4 Jahren können zunehmend Gedankengänge beschrieben und Dinge Oberbegriffen zugeordnet werden, »Sand kann man nicht essen«. Erlebnisse und Berichte können zusammenhängend erzählt werden. Es ist die Phase, in der entwicklungsbedingtes Stottern auftreten kann, wenn das Denken der Artikulationsgeschwindigkeit vorauseilt, »weil, weil, weil der der geschubst hat«. Zwischen 4–6 Jahren nimmt der Wortschatz zu, Farben werden differenziert, das Kind verwendet zunehmend Artikel, Präpositionen und Personalpronomen normgerecht (s. 5.5 Fallbeispiel: late talker – Übergang Krippe-Kindergarten).

Syntaktisch-morphologische Meilensteine

Grammatische Fähigkeiten entwickeln sich im Bereich der Wortstellung (Syntax) und der Wortformen (Morphologie). Nach Tracy (2008, S. 77) sind im Alter von etwa 18 Monaten erste Einwortäußerungen mit Schlüsselwörtern beobachtbar. Aus Nomen und Partikeln entstehen erste elementare Wortkombinationen aus mehreren Wörtern, wobei Verben meist im Infinitiv stehen. Zwischen dem 24. und 36. Monat werden einfache, aber vollständige Sätze gebildet. Ab dem 3. Geburtstag treten komplexe Sätze auf mit Verwendung von Akkusativ, Dativ, ersten Nebensätzen und der Markierung von Zeit- und Pluralformen. Mit Anwachsen des Wortschatzes auf 750–800 Wörter werden die Äußerungen auch komplexer. Beim Erwerb der deutschen Satzstruktur beschreibt Tracy (2008, S. 61) vier wichtige syntaktische Meilensteine.

Tab. 2: Vier wichtige syntaktische Meilensteine beim Erwerb der deutschen Satzstruktur

Meilenstein I: (mit etwa 1–1 ½ Jahren)	Einwortäußerungen (vor allem Nomen und Partikel) Da, nein, ab, Hund, Ball, Mama …
Meilenstein II: (mit etwa 1 ½–2 Jahren)	Elementare Wortkombinationen, viele Wortklassen fehlen gänzlich (vor allem Artikel, Präpositionen, Fragepronomen); verbale Elemente stehen typischerweise am Ende; oftmals fehlen sie Tür auf. Mama Bus fahren. Mama auch Bus. Mama nicht Bus fahren.
Meilenstein III: (mit etwa 2–3 Jahren)	Einfache, zielsprachliche Sätze; allmählich erster Gebrauch von Fällen (Kasus); Umstellung von Subjekt und Prädikat (Inversion) Jetzt geh ich hoch. Da kommt der Ball rein. Wo kann der hingehen?
Meilenstein IV: (mit etwa 3–4 Jahren)	Komplexe Sätze (Satzreihen), Nebensätze mit dem gebeugten Verb am Ende. Ich warte, bis der Hund weggegangen ist.

Bis zum Alter von 6 Jahren ist die Grammatik weitgehend erworben, und mit zunehmendem Wortschatz werden die Sätze länger und komplexer.

Pragmatisch-kommunikative Meilensteine

Das Sprechhandeln beginnt mit Kontaktlauten, um Befindlichkeiten wie Unbehagen oder Wohlbefinden auszudrücken. Diese vorsprachlichen Lautäußerungen verbunden mit Gesten und Blickkontakt haben das Ziel, zu Bezugspersonen Kontakt aufzunehmen. Aus dialoganalytischer Sicht entwickeln Kinder Handlungsmuster, die sie befähigen, zu imitieren, zu antworten, zu benennen, zu klagen, zu grüßen, aufzufordern oder abzulehnen. Nach Ehlich liegen noch keine Untersuchungen zu Kindern unter 3 Jahren in Betreuungseinrichtungen vor, ob sich ihre pragmatischen Fähigkeiten unterscheiden von den Kindern, die zu Hause versorgt werden (Ehlich 2008, S. 37). Ab dem Alter von 36 Monaten nutzen Kinder zunehmend Sprache, um neben Erwachsenen auch andere Kinder aufzufordern, zu fragen, zu berichten, zu erzählen, um etwas zu verbieten und um Rollen zu spielen (ebd., S. 38). Die Fähigkeit zur Perspektivübernahme ist nach der Sprachaneignungsforschung (Tomasello, 2003) die Voraussetzung zur Entwicklung einer Theorie des Geistes (Theory of Mind).

Kann sich ein Kind mitteilen, etwas behaupten, vorschlagen, bewerten, begründen, erläutern, so kann es sich besser an Gesprächen beteiligen, kann Situationen beschreiben und von nicht sichtbaren Dingen sprechen, Aufgaben stellen und lösen, Frage-Antwort-Muster aufnehmen, fachliche Zusammenhänge erschließen und wiedergeben (Ehlich 2005, S. 16 ff.). Die pragmatischen Basisqualifikationen in der Sprachproduktion entsprechen mit etwa sechs Jahren dem Stand im Sprachverständnis.

Diskursiv-literale Meilensteine

Diskursive Fähigkeiten sind die Voraussetzung für eine gelingende sprachliche Kooperation und Interaktion mit anderen Menschen, für den Aufbau von Spiel- und Phantasiewelten im Rollenspiel, die Aneignung von Erzählkompetenzen und die Fähigkeit zum Sprecherwechsel. Es geht auch um Sprechhandlungen, wie z. B. fordern und behaupten oder ablehnen und widersprechen zu können. Präliterale Erfahrungen begründen Vorläuferfähigkeiten für den Schriftspracherwerb wie die Entwicklung eines Arbeitsgedächtnisses, phonologische und syntaktische Bewusstheit. Literale Basisqualifikationen sind nötig für das Lesen und Schreiben von Wörtern, Sätzen, Texten und die Aneignung von Orthographie. Das bedeutet besondere Herausforderungen für Schülerinnen und Schüler mit Deutsch als Zweitsprache und Zweitschrift.

Für den vorschulischen Bereich wurden praktikable Beobachtungshilfen zu Meilensteinen entwickelt, wie z. B. die Sprachampel in Brandenburg. Der Deutsche Bundesverband für Logopädie bietet auf seiner Homepage differenzierte Beschreibungen von Meilensteinen der Sprachentwicklung auf allen Sprachebenen mit Hörproben an. Zur einer vertiefenden Beschäftigung mit Meilen- und Grenzsteinen sei auf Kany und Schöler (2007) verwiesen.

4

Forschungsstand zum mehrsprachigen Spracherwerb

Mehrsprachigkeit ist in den meisten Staaten der Welt der Normalfall. Neben individueller Mehrsprachigkeit, die im bilingualem Erst- und Zweitspracherwerb erworben wird, existiert in vielen Staaten der Welt auch eine territoriale Mehrsprachigkeit, wenn in einem Staatsgebiet mehrere Landessprachen gesprochen werden. Von einer institutionellen Mehrsprachigkeit spricht man, wenn in einer Institution wie zum Beispiel dem Europaparlament mehrere Amtssprachen zugelassen sind. Im Einwanderungskontext europäischer Staaten sind die Formen individueller und territorialer Mehrsprachigkeit oft miteinander gekoppelt (Riehl, 2007, S. 193) und führen zu sehr unterschiedlichen Ausprägungen in mehrsprachigen Sprachbiographien. Die

Fallbeispiele multilingualer Kinder (▶ Kap. 2) zeigen, dass jedes Kind eine individuelle Sprachgeschichte hat und sich unterschiedliche sprachliche Anwendungsbereiche und Kompetenzen in den einzelnen Sprachen feststellen lassen, sodass das erreichte Kompetenzniveau der Sprachen unterschiedlich hoch ausgeprägt sein kann (Reich 2009, S. 176 ff). Man spricht daher von einer differenzierten Mehrsprachigkeit, bei der meist eine Sprache dominanter als die andere ist und je nach Kommunikationssituation im informellen oder formellen Kontext variierende sprachliche Register und Codes verwendet werden (Oskaar, 1980). Das Verhältnis der Sprachen zueinander ist nicht festgelegt, sondern kann sich im Lebensverlauf immer wieder zugunsten der einen oder anderen Sprache(n) verschieben. Mit dem Eintritt in die Schule stellt der Zugang zur Schrift im Modus des Lesens und Schreibens eine herausgehobene Bildungsaufgabe dar. Die Alphabetisierung und der Erwerb der Schriftsprache erfolgen für die bilingualen Kinder im Medium der Zweitsprache Deutsch. Biliterale Erziehungs- und Bildungsprogramme, wie sie im internationalen Kontext erprobt sind, haben in die deutschen Bildungsinstitutionen bislang wenig Eingang gefunden. Der wissenschaftliche Erkenntnisstand zu bilingual-biliteralen Spracherwerbsprozessen wird im Folgenden dargestellt und dahingehend erörtert, welche Schlussfolgerungen sich daraus für Bildungs- und Erziehungsprozesse in der Kindertagesstätte und der Grundschule ziehen lassen, um die sprachlichen Ressourcen der Kinder zu stärken und ihr mehrsprachiges Potenzial zu nutzen.

4.1 Forschungsstand zum bilingualen Spracherwerb

Die internationale Forschung zum Erwerb unterschiedlicher Sprachkombinationen zeigt übereinstimmend, dass Kinder mit bilingualem

Spracherwerb nicht überfordert sind (Gawlitzek-Maiwald & Tracy, 1996; Genese & Nicoladis, 2007; de Houwer, 1990; 1995; Meisel, 2011). Von einem doppelten Erstspracherwerb wird gesprochen, wenn zwei Sprachen in einer mehrsprachigen Familie nach dem Prinzip »One person, one language« (Ronjat, 1913) in gleicher Intensität erworben werden. Sukzessiv bilinguale Entwicklungsverläufe liegen insbesondere bei solchen Kindern vor, die neben der Erstsprache zeitlich versetzt eine zweite Sprache, meist die Verkehrssprache des Einwanderungslandes, erwerben. Dabei ist zu beobachten, dass beim Übergang in die Kindertagesstätte die Familiensprache zugunsten der Zweitsprache zurückgedrängt und die Zweitsprache zur dominanteren Sprache wird (Reich, 2009). Formen des Semilingualismus, die Kindern aus Einwanderungsfamilien zugesprochen werden, sind in der Forschung dagegen wenig belegt. Nach übereinstimmender Erkenntnislage sind Kinder kognitiv gut darauf vorbereitet, den Erwerb von mehr als einer Sprache erfolgreich zu bewältigen (Thoma & Tracy, 2006), sodass mehrsprachiges Sprache(n) lernen keine Überforderungssituation ist wie vielfach angenommen.

Der wissenschaftliche Erkenntnisstand zu mehrsprachigen Entwicklungsverläufen wird nachfolgend an ausgewählten Studien linguistischer Forschung gezeigt, die im nationalen wie internationalen Kontext den Sprache(n)erwerb von Kindern in unterschiedlichen Settings untersuchen. Während die linguistischen Studien zum doppelten Erstspracherwerb mehrsprachiger Kinder in Deutschland und dem romanischsprachigen Ausland, welche die Wuppertaler Mehrsprachigkeitsforschung durchführte (Müller, Kupisch, Schmitz & Cantone, 2017; Müller et al., 2013), den Fokus auf die sprachliche Progression in zwei gleichzeitig erworbenen Sprachen richtet, nimmt eine Studie im nationalen Kontext die zweisprachigen Erwerbsprozesse migrantischer Kinder in der Kindertagesstätte in den Blick (Reich, 2009), die sukzessiv die Zweitsprache erwerben. Aus beiden Forschungsansätzen lassen sich Schlussfolgerungen für die Gestaltung einer sprachlichen Bildung und Förderung ziehen, die den sprachlichen Potentialen und Ressourcen mehrsprachiger Kinder Rechnung trägt und sie in ihren Sprachen stärkt.

4.1 Forschungsstand zum bilingualen Spracherwerb

Die nachfolgend dargestellten Studien der Wuppertaler Mehrsprachigkeitsforschung untersuchen frühe bilinguale Entwicklungsverläufe in unterschiedlichen Kombinationen des Deutschen mit romanischen Sprachen sowie innerhalb romanischer Sprachen unter den Bedingungen des doppelten Erstspracherwerbs (Müller et al., 2007; Müller et al., 2013). Kinder, die nach der Methode »One person – one language« erzogen werden, zeigen, dass in der überwiegenden Mehrzahl der untersuchten Fälle in Deutschland wie auch in den romanischsprachigen Ländern eine ausgewogene Mehrsprachigkeit vorliegt (Müller et al., 2013). Sobald eine unausgewogene Mehrsprachigkeit vorliegt, spielt jeweilige Landessprache eine dominante Rolle (Müller & Schmitz, 2014, S. 202). Auch konnte in einer weiteren Studie gezeigt werden, dass Kinder, die nicht nach der Methode »One person – one language« erzogen werden, ausgewogen bilingual sein können.

Der Forschungsstand zu Effekten des bilingualen Spracherwerbs kann mit Müller und Schmitz (2014, S. 203 f.) wie folgt zusammengefasst werden:

»Nach vierzig Jahren intensiver Forschung weiß man, dass bilinguale, von Geburt an mit zwei Muttersprachen aufwachsende Kinder quasi vor Einsetzen der Sprachproduktion die beiden Sprachsysteme trennen können und die frühkindliche Bilingualität im Ergebnis dem monolingualen Erwerb der jeweiligen Sprachen in nichts nachsteht. Mittlerweile steht fest, dass bilingual aufwachsende Kinder im Verlauf des Sprachproduktionserwerbs dem Spracheneinfluss ausgesetzt sind. Dieser Spracheneinfluss kann sich positiv – beschleunigend – oder negativ – verzögernd – auf den Erwerbsverlauf auswirken […] Die mit der Mehrsprachigkeit einhergehende Beschleunigung oder Verzögerung ist oftmals im Alter von fünf Jahren ausgeglichen. In den letzten Jahren mehren sich Studien dazu, dass der frühkindliche Bilingualismus neben dem gemeinhin anerkannten Gewinn – der Kenntnis von zwei Kulturkreisen und zwei Sprachen – auch linguistische und kognitive Vorteile mit sich bringt, die im Ergebnis zu einer höheren Leistungsfähigkeit als bei monolingualen Kindern führen können, auch über das Alter von fünf Jahren hinaus […] Je nach Beschaffenheit der beteiligten Sprachen können bilinguale Kinder schneller grammatikalische Generalisierungen vornehmen als monolinguale Kinder bei den jeweiligen Sprachen. Dieser Generalisierungsvorteil ist jedoch abhängig von der ganz konkreten Sprachenkombination und somit von den grammatischen Eigenschaften der beteiligten Sprachsysteme. Dieses Ergebnis wird international zur Zeit diskutiert und lässt die Rolle der linguistischen Faktoren für den Generalisierungsvorteil in den Vordergrund treten. Neben der grammatischen Entwicklung kann sich Bilingualität auch auf die Wortschatzentwicklung vorteilhaft auswirken. Bilinguale Kinder können laut jüngsten Forschungsarbeiten in beiden Sprachen auch einen größeren Wortschatz aufweisen als monolinguale Kinder mit diesen Sprachen in derselben Altersspanne. Auch der Vorteil im Bereich des Wortschatzerwerbs hängt entscheidend von der Sprachkombination ab, ein Ergebnis, das wieder die Rolle der der linguistischen Einflussfaktoren für den (positiven) Effekt der Bilingualität herausstellt (Eichler, 2011).«

Über die sprachlichen Vorteile hinaus sind nach vielfältigen internationalen Studien allgemein kognitive Effekte bei Mehrsprachigen zu beobachten, die auf der kognitiven Kontrolle von Sprachwissen beruhen (Bialystok, 2007), das bereits bei ganz jungen Kindern zu beobachten ist und sich insbesondere im kompetenten Codeswitching je nach Kommunikationsanforderungen in der einen oder anderen Sprache zeigt (Patuto et al., 2014). Die »permanente Konkurrenz im mehrsprachigen Kopf« stellt Tracy folgend (2014, S. 31) eine besonders positive Herausforderung für das Gehirn dar. Mehrsprachige Kinder verfügen über eine im Vergleich zu Einsprachigen entwickeltere Fähigkeit, abstrakt zu denken, und sind früher in der Lage, sich in andere Personen hineinzuversetzen (Genese, 1975), haben ein besseres Hörverstehen und ausgeprägteres Erinnerungsvermögen (Ratte, 1968), erwerben über die Jahre einen größeren Wortschatz (Kosmidis, 2006), entwickeln differenziertere Lesestrategien, wenn sie in mehr als einer Sprache lesen können (Nayak, Hanse, Krueger & Mc Laughlin, 1990) und verfügen über metasprachliche Kompetenzen in der Reflexion und im Vergleich von Sprachen, die auch das Erlernen weiterer Sprachen begünstigt (Bialystok et al., 2014; Gombos, 2008). Mehrsprachige Kinder, die im Vergleich zu Monolingualen mit zwei und mehr Sprachen umgehen und den Sprachwechsel täglich meistern, weisen nach den Befunden der Wuppertaler Forschungsgruppe entgegen weit verbreiteter Annahmen einer doppelten Halbsprachigkeit keine Merkmale des Semilingualismus auf. Die Vorteile bilingualer Kinder treten auch in den Sprachkombination des Deutschen mit weniger prestigeträchtigen Einwanderersprachen wie die des Italienischen und Spanischen auf. Die Wuppertaler Forschungsgruppe konnte belegen, dass deutsch-romanischsprachig bilinguale Kinder erhebliche Vorteile beim Erwerb der deutschen Wortstellung im Satz gegenüber monolingual deutschen Kindern haben (Müller & Schmitz, 2014). Zudem zeigt die Studie von Repetto (2010), dass bilingual mit Deutsch aufwachsende Kinder eher die zielsprachliche Hauptsatzwortstellung im Deutschen erreichen als Monolinguale und insofern für mehrsprachige Kinder ein akzelerierender Effekt der Erstsprache auf die Entwicklung der Zweitsprache belegt werden kann (Repetto & Müller, 2010). Auch mit Blick auf andere grammatikalische Phänomene können bei bilingualen Erwerbsprozessen in den untersuchten Sprachkombinationen keine verzögernden Effekte nachgewiesen werden.

Die bilingualen Spracherwerbsprozesse von Kindergartenkindern, die erstsprachlich in einer Migrantensprache sozialisiert sind, wurden in Deutschland von Reich (2008) in einer Quer- und Längsschnittstudie untersucht. Dazu wurden bei Kindern mit den Herkunftssprachen Türkisch, Polnisch, Russisch und Portugiesisch Sprachdaten zur sprachlichen Progression in der Erst- und der Zweitsprache erhoben und linguistisch ausgewertet. Die untersuchten Kinder besuchten die Kindertagesstätte in der Regel im Alter von drei Jahren und sind insofern als sukzessiv bilingual einzuordnen. Nach den Befunden der Studie ist im Sprachgebrauch der untersuchten Familien die Herkunftssprache dominierend. Der Erstspracherwerb erfolgte in der jeweiligen Familiensprache in je individueller Ausprägung. Mit dem Eintritt in die Kindertagesstätte findet für die zweisprachigen Kinder eine Neugewichtung der Sprachen statt. Die Herkunftssprachen verlieren ihre Monopolstellung und die Domänenaufteilung zwischen den Sprachen setzt ein (ebd., S. 257). Nach einjährigem Kindergartenbesuch überwiegt noch die sprachliche Handlungsfähigkeit in der Erstsprache gegenüber dem Deutschen, in dem die Grundstruktur der einfachen Syntax erreicht ist, aber über komplexere sprachliche Darstellungsformen noch nicht verfügt wird. Im zweiten Kindergartenjahr findet eine starke Progression in der zweitsprachlichen Entwicklung statt, während die Fähigkeiten in der Erstsprache entweder gleich bleiben, stagnieren oder durch geringere Fortschritte oder geringe Rückschritte gekennzeichnet sind. Als Erklärungen für die synchron ablaufenden Prozesse führt Reich an, dass der starke Zuwachs im Deutschen der Dominanz des Deutschen im alltäglichen Sprachgebrauch der Kindertagesstätte geschuldet ist. Zudem wird angenommen, dass ein zunächst höherer Entwicklungsstand in der Erstsprache den Erwerb des Deutschen begünstigt (ebd., S. 260). Im Hinblick auf die stagnierende Entwicklung der Erstsprachen wird vermutet, dass sich die Kinder möglicherweise auf den Erwerb der deutschen Sprache konzentrieren und die Entwicklung der Erstsprache zurückstellen. Weiterhin spielen auch gesellschaftliche und sprachenpolitische Einflüsse und Werthaltungen gegenüber den weniger prestigeträchtigen Migrantensprachen eine Rolle, die Kinder in ihrem Umfeld wahrnehmen und bei ihnen zu einem veränderten Sprachverhalten führen. Neben einer stagnierenden bis rückläufigen Entwicklung der Herkunftssprachen im zweiten Kindergartenjahr zeigt sich in einigen Fällen auch ein anderes Bild: So gibt es einzelne Kinder, deren Erstsprache sich auch im Kindergartenalter weiterentwickelt und die eine balancierte Mehrsprachigkeit auf hohem Niveau erreichen. Bei Kindern mit gut entwickelter Zweisprachigkeit ist der Sprachgebrauch in der Familie kein ausschlaggebender Faktor; entscheidend für das mehrsprachige Kompetenzniveau der Kinder ist eine ausgeprägte Bewusstheit der Eltern für die Spracherziehung, die positive Effekte auf die sprachliche Produktivität der Kinder in beiden Sprachen hat. Die Sprachbewusstheit von Eltern äußert sich beispielsweise in der bewussten Entscheidung, in der Familie nur die Herkunftssprache zu sprechen oder nach der Methode »One person – one language« zu verfahren, deutsche Medien gezielt für das Deutschlernen zu nutzen und mit dem Kind über die Sprachennutzung zu sprechen. Im Ergebnis der Studie zeigt sich, dass die Fünfjährigen im Erwerb der deutschen Sprache durchschnittlich ein vergleichbares Sprachniveau erreichen wie in der Erstsprache. Die meisten Fünfjährigen beherrschen die Struktur des deutschen Aussagesatzes mit der Zweitstellung des finiten Verbs, bilden Sätze mit zweiteiligen Verb und der Satzklammer. Ein Teil der Kinder verwendet bereits hypotaktische Strukturen. Auch der Wortschatz nähert sich einem altersgemäßen Wortschatz an (ebd., S. 259). Gleichwohl ist bedeutsam, dass die untersuchten Fünfjährigen mit durchschnittlichen Deutschkenntnissen, wie Reich resümiert, »noch nicht den einsprachigen Maßstäben der deutschsprachigen Schule« entsprechen« (ebd., S. 260) und Kinder mit unterdurchschnittlichen Deutschkenntnissen beim Übergang in die Schule noch einen Entwicklungs- und Förderbedarf haben.

Resümiert man die Befunde zu Effekten bilingualer Spracherwerbsprozesse, sind die Vorteile früher Mehrsprachigkeit evident. Gleichwohl zeigen sich bereits retardierende Effekte, wenn die Erstsprachen nach dem Eintritt in die erste Bildungsinstitution des Kindergartens ihre Bedeutung verlieren und nicht mehr in gleicher Weise gefördert werden wie die Zweitsprache. Moser, Bayer & Tunger (2009) belegten, dass sich Kinder, die in der Erstsprache gefördert wurden, mehr zutrauen als Kinder, die keine Förderung in der Herkunftssprache erhielten und ausschließlich in der Zweitsprache gefördert wurden. Während bekannt ist, dass die Förderung der Herkunftssprache von Seiten der Eltern meist als Wertschätzung empfunden wird (Moser et al., 2009), wurden die Einstellungen, Reaktionen sowie das Empfinden der Kinder, die herkunftssprachliche Förderung erhalten, bislang wenig untersucht. Ob sich Kinder mit Migrationshintergrund durch Einbezug ihrer Herkunftssprachen im Unterricht in ihrer sprachlichen Identität und kulturellen Herkunft tatsächlich stärker gewürdigt fühlen, stellt nach Göbel, Vieluf und Hesse (2010) ein Forschungsdesiderat dar. Mit dem Eintritt in das Bildungssystem verlieren die sukzessiv bilingualen Kinder ihr kontinuierlich aufgebautes sprachliches Fundament, das ihnen als erfolgreiches und zuverlässiges Medium für die Kommunikation und Gestaltung von Beziehungen zur Verfügung stand. Die Förderung in der Herkunftssprache kann von den Kindern als wertschätzend wahrgenommen werden, ihnen Vertrautheit und Stabilität bieten und somit Einfluss auf das Selbstbild haben. Es ist anzunehmen, dass mehrsprachigkeitswertschätzende und -unterstützende Unterrichtsstrategien sowohl Einfluss auf die Einstellungen der Lernenden zu Mehrsprachigkeit im Allgemeinen haben sowie zu ihren eigenen Herkunftssprachen (Göbel et al., 2010). Auch die Ergebnisse der DESI-Studie – Deutsch Englisch Schülerleistungen International – (Beck & Klieme, 2007) zeigen, dass die befragten Lehrkräfte die Sprachentransferunterstützung im Unterricht insgesamt als sinnvoll erachten, diese jedoch tatsächlich eher selten im Unterricht einsetzen. Im Hinblick auf die Lernergebnisse zeigt sich, dass alle Lernenden gleichermaßen von der Sprachentransferunterstützung im Unterricht profitieren. Aufgrund der vorliegenden Befunde der DESI-Studie (Beck & Klieme, 2007) und darauf aufbauender Studien (Hesse, Göbel & Hartig, 2008; Göbel et al., 2010), welche positive Effekte von Sprachentransferunterstützung für die Lernergebnisse im Fach Englisch zugunsten mehrsprachiger Schülerinnen und Schüler belegen, kann man davon ausgehen, dass positive Effekte einer herkunftssprachlichen Alphabetisierung auch für die Zweitsprache Deutsch zu erwarten sind.

4.2 Forschungsstand zum biliteralen Spracherwerb

Biliterale Spracherwerbsprozesse sind im Vergleich zur Entwicklung der Bilingualität im deutschsprachigen Raum noch wenig untersucht. Der Fokus der Forschung richtet sich auf den Erwerb der Zweitsprache Deutsch, während der Stellenwert eines biliteralen Schriftspracherwerbs bisher noch nicht hinreichend diskutiert und in seiner Bedeutung für die gesamtsprachliche Kompetenzentwicklung in das Bewusstsein pädagogischer Fachkräfte gerückt werden konnte. Effekte einer biliteralen Förderung konnten bereits in den 1980er Jahren bei mehrsprachigen Schülerinnen und Schülern der Sekundarstufe festgestellt werden (vgl. zum Folgenden Dirim, Kümmerling-Meibauer & Springsits, 2011). So zeigten sich in der Studie von Baur und Meder (1992), dass die Kompetenzniveaus in beiden Sprachen positiv miteinander korrelieren und eine integrierte erstsprachliche Förderung im Regelunterricht besser zur Sprachkompetenzentwicklung beiträgt als der traditionell am Nachmittag stattfindende herkunftssprachliche Unterricht. Weitere ermutigende Befunde liegen aus dem Hamburger Schulversuch Bilinguale Grundschule vor, in dem die Alphabetisierung sowohl in Deutsch als auch in je einer der Partnersprachen Türkisch, Italienisch, Portugiesisch und Spanisch bei mehrsprachigen und monolingual deutschsprachigen Kindern stattfand. Die Schülerinnen und Schüler erreichten am Ende der Grundschulzeit eine im bundesdeutschen Mittel liegende Lesekompetenz im Deutschen, was unter Berücksichtigung des sozioökonomischen Status der Untersuchungsgruppen von den wissenschaftlichen Begleiterinnen als Erfolg gewertet wird (Gogolin, Neumann & Roth, 2003; Döll & Dirim, 2010). Als weiterer Effekt hatten die beteiligten Kinder – so Dirim et al. (2011, S. 38) – »je nach familiär erworbener Sprachenkombination, Fähigkeiten erlangt, Texte in der Partnersprache zu lesen, wodurch sich im Vergleich zu monolingualen Kindern ein deutlicher ›Mehrwert‹ ergibt«. In der Bilanz der Studie zum Schulversuch Bilinguale Grundschule lässt sich resümieren, dass die zweisprachliche Alphabetisierung für alle beteiligten Schülerinnen und Schüler erfolgreich verlief und erkennbar positive Effekte eines mehrsprachig biliteralen Spracherwerbs nachgewiesen werden konnten. Nachteile einer zweisprachigen Leseentwicklung waren nicht zu beobachten.

Positive Effekte einer zweisprachigen Erziehung auf die Leseleistung konnten auch im multilingualen Luxemburg belegt werden. Kinder, die in doppelter Zweisprachigkeit aufwuchsen, zeigten auffallend gute Leseleistungen bei französischen wie auch bei deutschen Texten; dies ist insbesondere dann der Fall, wenn die Erstsprache und die Zweitsprache typologisch ähnlich sind (Hornberg, 2010). Wie der Kompetenztransfer zwischen der Erst- und der Zweitsprache erfolgt, respektive auch umgekehrt der Kompetenztransfer von der Zweitsprache auf die Erstsprache, ist in der Forschung nicht zweifelsfrei geklärt. Cummins folgend (2008) kann man davon ausgehen, dass sich die Alphabetisierung in mehr als einer Sprache positiv auf die jeweils andere Sprache auswirkt; eine Reihenfolgesystematik, die davon ausgeht, dass zunächst in der Erstsprache alphabetisiert sein muss, bevor dies in einer weiteren Sprache erfolgt, kann jedoch aus den vorliegenden Studien nicht abgeleitet werden, vielmehr ist davon auszugehen, dass die mehrsprachigen Schülerinnen und Schüler eine »Gesamtsprachlichkeit« (Schroeder & Stölting, 2005) entwickeln, die in ihren sprachlichen Aktivitäten und schulischen Anforderungssituationen *in actu* zur Geltung kommt. So zeigte eine Auswertung von Texten, die 15–17-jährige mehrsprachige Schülerinnen und Schüler im Rahmen des BLK-Programms »Förderung von Kindern und Jugendlichen mit Migrationshintergrund« verfassten, dass sie ihr textsortenspezifisches wie orthographisches und grammatisches Wissen von der einen auf die andere Sprache übertrugen (Dirim & Döll, 2009; Dirim, 2010). Dabei konnte beobachtet werden, dass Interferenzen zwischen beiden Sprachen nicht notwendigerweise fehlerhaft sind, sondern positive Transferleistungen zu beobachten sind. Vergleichbare Ergebnisse zur bilingualen Literalisierung sind aus dem Grundschulbereich bekannt, die im Schulversuch Bilinguale Grundschule Hamburg (Gogolin, Neumann & Roth, 2007) und in den Studien von Mehlem (2011; 2013) erhoben sind. Im Hamburger Schulversuch zeigten sich bei zweisprachig erzogenen Kindern neben positiven Befunden in Entwicklung der Lesekompetenz auch Vorteile im bilingualen Schriftspracherwerb. Die Texte der zweisprachigen Kinder zeichneten sich durch eine stärkere sprachliche Gestaltung als mündliche Sprechproben aus und enthielten ab dem zweiten Schuljahr Merkmale konzeptioneller Schriftlichkeit, die sich in der Verwendung komplexer Satzgefüge, der Verwendung von Textklammern oder in der Verwendung literarischer Elemente äußerten (Gogolin, 2005, S. 97). Geschlussfolgert wird daraus, dass es den Kindern im Schreiben »anscheinend besser [gelingt], ihr sprachliches Können zu organisieren als in einer sprechsprachlichen Kommunikationssituation« (ebd.). Dies kann damit erklärt werden, dass der

Schriftspracherwerb auf der Anwendung sprachanalytischen Wissens beruht, die für alle Kinder am Schulanfang eine qualitativ neue sprachliche Anforderung darstellt (Röber, 2013 a). Im Prozess des Schriftspracherwerbs eignen sich Kinder die phonologischen und grammatisch normierten Formen der Sprache an, die, wie Röber ausführt, »teilweise in einem starken Kontrast zu den Varietäten und Sprachen [stehen], die den Kindern vertraut sind« (ebd., S. 266). Die spezifischen Merkmale der Schriftsprache werden »in aller Regel durch die Visualisierung der Schrift erworben, und sie werden für die Kinder erwerbbar, weil sie systematisch sind, weil sie ihren auf Regularität ausgerichteten Lernerfahrungen und -erwartungen entsprechen« (ebd.).

Welche Effekte von einer biliteralen Literalisierung zu erwarten sind, wird in den qualitativen sprachvergleichenden Studien Mehlems (2011; 2013) untersucht. Im Ergebnis zeigt die Mikroanalyse von zweisprachig verfassten Texten deutsch-türkischer Erstklässler, dass diese ihre Familiensprache als Ressource für den Schriftspracherwerb nutzen, »wobei nicht immer der deutsche Text den weitesten Entwicklungsstand anzeigt« (Mehlem, 2011 S. 133). Das freie Schreiben in der Herkunftssprache weist nach diesem Befund »einen hohen diagnostischen Wert für die Entwicklung textstruktureller, grammatischer und orthographischer Kompetenzen im Deutschen auf« (ebd.), was zukünftig zu einer erhöhten Nutzung der Herkunftssprachen im sprachlichen Anfangsunterricht führen und als Anknüpfungspunkt für eine sprachvergleichende, sprachsystematische Alphabetisierung betrachtet werden sollte.

Die von Grießhaber (2008; 2010; 2013) im Rahmen des Forschungsprojekts »Deutsch & PC« durchgeführten linguistischen Analysen zur Textentwicklung zweisprachiger Kinder im Grundschulunterricht zeigen ein eher ernüchterndes Bild: Von 122 im Längsschnitt der vier Grundschuljahre untersuchten Schülerinnen und Schüler erreichten die zehn besten im Verlauf Grundschulzeit eine sich steigernde syntaktische Komplexität in ihren Texten, während die Mittel- und die Schlussgruppe nach anfänglichen Erfolgen in der Textentwicklung wieder deutlich abfallen. Die Analyse der Lernbedingungen zeigt, dass die Spitzengruppe über ein günstiges familiäres Umfeld verfügt, während die Mittel- und Schlussgruppe überwiegend L2-Lernerinnen und Lerner umfasst, die mit geringeren literalen Erfahrungen und Zweitsprachkenntnissen in den Schriftspracherwerb starten und in den beiden ersten Grundschuljahren von dem Förderprogramm profitieren konnten. Den Entwicklungsrückstand gegenüber den erst- und zweitsprachlich entwickelteren Schülerinnen und Schüler können sie aber innerhalb der Grundschulzeit nicht aufholen und fielen in der Sekundarstufe noch einmal deutlich gegenüber der Spitzengruppe ab. In der Bilanz wird die mangelnde Textkomplexität auf mangelnde Schriftspracherfahrungen in der familialen und schulischen Sozialisation zurückgeführt, die zu dem wenig zufriedenstellenden Befund führen.

Wie die sprachlichen Kompetenzen mehrsprachiger Kinder in einem entwickelten Literacyverständnis gefördert werden können, zeigen Forschungsbefunde und Praxisprojekte aus dem angelsächsischen Raum. Dazu stellt die angelsächsische Forschung ein differenziertes Wissen bereit. Forschungsrichtungen, die einem weiten Literacy-Begriff folgen und Konzepte einer *emergent literacy, visual literacy* und *media literacy* umfassen, untersuchen den wechselseitigen Einfluss dieser Literacy-Ansätze auf die Entwicklung und Förderung der Mehrsprachigkeit (vgl. Dirim et al., 2011). Besonders aufschlussreich ist in diesem Zusammenhang das schottische Projekt »Learning to Read a New Culture. How Immigrant and Asylumseeking Children Experience Scottish Identity Through Classroom Books« (Mc Gonigal & Arizpe, 2007) sowie das britische Projekt »Visual Journeys« (Arizpe, 2009; 2010; Arzipe & Blatt, 2011), die den Einfluss textloser Bilderbücher auf das Sprach- und Bildverständnis mehrsprachiger Kinder untersuchen. Beide Studien zeigen, dass über solche Bilderbücher visuelle Kompetenzen vermittelt werden können, die den späteren Schriftspracherwerb nachhaltig unterstützen. Darüber hinaus gewinnen mehrsprachige Kinder über die Begegnung mit Bilderbüchern und Kinderliteratur Einsichten in die Merkmale konzeptioneller Schriftlichkeit und erwerben dabei ein Textverständnis in Form einer basalen »Geschichtengrammatik«, die das Schreiben eigener Texte unterstützt und fördert. Auch übergeordnete metaliterarische Kompetenzen werden im Kontext von Kinderliteratur erworben. Sie umfassen nach Büker und Vorst (2010, S. 35) »Fiktionalitätsbewusstsein, Imagination, ästhetische Zeit-Erfahrung, Identifikation, Empathie, Perspektivenübernahme und -koordination, das so genannte Fremdverstehen sowie spezifisch literarästhetische Fähigkeiten der Wahrnehmung von Sprachen als Kunst, des Symbolverstehens, des Genrewissens, des kulturellen Gedächtnisses und der Anschlusskommunikation«. In einer aspektreichen, mehrsprachigen Literacyerziehung werden auch metalinguistische Kompetenzen wie phonologische Bewusstheit, das Erfassen syntaktischer Strukturen, die Entwicklung des Wortkonzepts sowie der Gebrauch unterschiedlicher sprachlicher Register vermittelt, die für den Schriftspracherwerb und die Entwicklung akademisch-kognitiver sprachlicher Kompetenzen hochbedeutsam sind. Diese sprachlichen Dimensionen, die bereits in den Formen von *emergent* oder *early literacy* angestoßen und entwickelt werden, sind in Ansätzen und Konzepten der familialen und vorschulischen Lesesozialisation realisiert (Nauwerk, 2013). Sie müssen jedoch im Hinblick auf die Erfordernisse einer multiliteralen Kompetenzentwicklung weiter ausdifferenziert werden, wie sie im jüngeren fachlichen Diskursen unter veränderten globalen gesellschaftlichen Verhältnissen konzeptualisiert und auf ein verändertes Verständnis des Schriftspracherwerbs im Sinne einer »Verschiebung von *der Literalität* zu *den Literalitäten*« [Hervorheb. im Original] ausgerichtet sind (Alvermann, 2009, S. 92). Multiliteralität umfasst nach einer Definition von Wildemann (2013, S. 98) »neben traditionell-funktionalen Fähigkeiten wie Lesen, Schreiben, Sprechen und Hören ebenso kritische, kulturelle, digitale und multimodale Kompetenzen« und beinhaltet daher Anforderungen an die Lernenden, »unterschiedliche Textformen (lineare und nicht-lineare Texte), Texte in unterschiedlichen Sprachen, Texte mit mehreren Deutungsmöglichkeiten sowie unterschiedliche Präsentationsformen (Texte auf dem Papier, am Monitor, Bild-Text-Gefüge usw.) zu nutzen«. In einem europäischen Mehrsprachigkeitsprojekt MuViT (Multiliteracy Virtual), das diesem erweiteren Verständnis von Literalität verpflichtet ist, wird das Ziel verfolgt, ein- und mehrsprachige Kinder bei der Entwicklung multiliteraler Kompetenzen zu unterstützen (www.mu-vit.eu). Dazu werden Talking Books, audiovisuelle und digitale Bilderbücher in den Sprachen Deutsch, Englisch, Spanisch, Russisch und Türkisch eingesetzt. Zusätzlich können die beteiligten Kinder in einem *Authoring Tool* eigene Texte und Geschichten in den Sprachen ihrer Wahl verfassen. In der Teilstudie wird untersucht, wie ein- und mehrsprachige Schülerinnen und Schüler der Grundschule digitale mehrsprachige Geschichten im Tandem am Computer hören und lesen. Im Fokus des Forschungsinteresses steht, inwieweit bei der kooperativen Rezeption digitaler mehrsprachiger Geschichten und der Bearbeitung cross-lingualer Aufgaben »ein Rückgriff auf die Erst-, Zweit- bzw. die Fremdsprache erfolgt und ob ein solcher für die Ausbildung von Sprachbewusstheit nützlich sein kann« (Wildemann, 2013, S. 100). Die ersten Befunde zeigen, dass die untersuchten ein- und mehrsprachigen Schülerinnen und Schüler multiliterale Kompetenzen beim Lesen digitaler Geschichten nutzen, die sich in visueller, funktionell-pragmatischer, kritisch-reflexiver, digitaler, ästhetischer wie multimodaler Form ausweisen lassen. Mehrsprachige Kinder, die über eine entwickelte bilinguale Sprachkompetenz verfügen, wechseln häufiger zwischen den Sprachen und »thematisieren Sprachliches sowohl auf der strukturellen als auch auf der semantischen Ebene« (ebd., S.104). Hervorzuheben ist der Befund, »dass mehrsprachige Schülerinnen und Schüler über gute sprachliche Kompetenzen in der jeweiligen Sprache verfügen müssen, um daraus einen Nutzen für ihr sprachliches Lernen ziehen zu können. Das gilt für die Erst- und Zweitsprache sowie für das Erlernen einer dritten Sprache« (ebd., S.105).

Die ausgewogene Förderung der Erst- und Zweitsprache sowie der im schulischen Kontext vermittelten Fremdsprachen stellen hohe Anforderungen an die pädagogischen Fachkräfte, deren professionelles Wissen und Handlungskompetenzen bisher noch nicht dem Stand des wissenschaftlichen Wissens um multilingualen und multiliteralen Sprache(n)erwerb entspricht. Gleichwohl liegen in der sprachdidaktischen Entwicklungs- und Unterrichtsforschung belastbare Konzepte und Arbeitsmodelle für eine mehrsprachige literarische Bildung im Elementar- und Primarbereich vor, die ein breites Spektrum didaktisch-methodischer Konzepte einer multilingualen wie multiliteralen Kompetenzentwicklung umfassen. Einen zentralen Hebel und Ansatzpunkt stellen mehrsprachige Bilderbücher und mehrsprachige Kinderliteratur dar, die sowohl für die ein- als auch die mehrsprachigen Kinder ein didaktisch herausgehobenes Potenzial gesamtsprachlicher Bildung beinhalten (Schroeder & Stölting, 2005; Hufeisen & Lutjeharms, 2005), die über die Sprachenvermittlung auch Prozesse interkulturellen Lernens stiften können (Mikota, 2013). Wir verweisen in diesem Kontext insbesondere auf die Sammelbände Hornberg und Valtin (2011), Gawlitzki und Kümmerling-Meibauer (2013), Oomen-Welke und Dirim (2013) sowie Mehlem und Sahel (2013), die neben ausgewählten linguistischen Forschungsbefunden und literaturwissenschaftlichen Analysen Beispiele guter mehrsprachiger wie interkulturell ausgerichteter Erziehung und Bildung bereitstellen. Als übergreifender wissenschaftlicher Befund zu Mehrsprachigkeit und Multiliteralität kann auf die herausgehobene Bedeutung einer sprachbewussten Literacyerziehung in der Familie und eine mehrsprachige Lese- und Schreibförderung im Elementar- und Primarbereich resümiert werden.

Family-Literacy

Da die Erkenntnisse zur Bedeutung literaler Erfahrungen in der Familie für den Sprach- und Schriftspracherwerb von herausgehobener Bedeutung sind (Grießhaber, 2012), soll auf Konzepte der *Family Literacy* oder einer *Emergent Literacy* Bezug genommen werden, wie sie in der erziehungswissenschaftlichen und sprachdidaktischen Diskussion entwickelt sind (Nickel, 2014). Ein wissenschaftlich kontrolliertes Konzept stellt das *Family Literacy* Konzept FLY in Hamburg dar, das an über 70 Schulen angeboten wird. Es wurde 2010 mit dem internationalen Alphabetisierungspreis der UNESCO ausgezeichnet und konnte die Effekte des Programms auch empirisch unter Beweis stellen (Pietsch & Heckt, 2016). Das Rucksack-Projekt, das Mütter mehrsprachiger Kinder in ihrer Erziehungsarbeit und in der schulischen Unterstützung und Förderung ihrer Kinder unterstützen will, verfolgt eine ähnliche Zielrichtung, ist aber nicht in gleicher Weise empirisch untersucht (Dogruer, Knopp, Senol-Kocaman & Springer, 2008; Wlossek, 2012). Gleichwohl stellt es eines der Konzepte von Family Literacy dar, das interkulturell-mehrsprachig ausgerichtet ist. Beide Konzepte sind darauf ausgerichtet, die Literacykompetenz mehrsprachiger Kindern im familialen Kontext zu entwickeln, um einen erfolgreichen Schriftspracherwerb in der Schule unterstützen zu können.

4.3 Schriftsprach- und Orthographieerwerb bei mehrsprachigen Kinder

Der Schriftsprach- und Orthographieerwerb, der eine zentrale Bildungsaufgabe des Anfangsunterrichts darstellt, ist Hinblick auf die besonderen Herausforderungen bei mehrsprachigen Kindern erst in jüngerer Zeit in den Fokus der Zweitsprachforschung gerückt. Der Forschungsüberblick von Noack und Weth (2012) zu mehrsprachigem Schriftspracherwerb zeigt in der Bilanz internationaler Studien die Vorteile eines koordinierten zweisprachigen Schriftspracherwerbs. Mit mehreren Schriftsystemen aufwachsende Kinder transferieren schriftsprachliche Prinzipien und Schriftpraktiken von einer auf die andere Sprache (Noack & Weth, 2012, S. 17; Bialystok, Luk & Kwan, 2005, S. 59). Doppelter Schriftspracherwerb führt zu einer erhöhten phonologischen und morphologischen Bewusstheit (Laurent & Martinot, 2010; Ramirez, Chen, Geva & Kiefer, 2010, S. 345) und fördert insgesamt die Entwicklung metasprachlicher Fähigkeiten. Der besondere Vorteil einer koordinierten Alphabetisierung gegenüber dem einsprachigen oder zweisprachig-konsekutiven Schriftspracherwerb besteht nach Belke (2007, S. 29) darin, dass es »den bewussten Umgang mit beiden Sprachen durch den allgegenwärtigen Sprachvergleich [fördert]« und sich auch auf die Grammatik und das Lexikon positiv auswirkt. Sprachwissenschaftlich-didaktisch umstritten ist in diesem Zusammenhang die Methode der Alphabetisierung »Lesen durch Schreiben« nach Reichen, deren grundlegende Zugangsweisen und Elemente in vielen Fibellehrgängen und fibelunabhängigen Verfahren zu finden sind und sich als übergreifendes Konzept der Alphabetisierung in der Praxis des Erstlese- und Schreibunterrichts durchgesetzt hat. Im Kern richtet sich die Kritik auf die mangelnde sprachwissenschaftliche Fundierung der Methode, die auf der Annahme einer Laut-Buchstabenkongruenz basiert und über das Abhören von Lauten die Verschriftung evoziert. Wie Bredel (2012, S. 126) mit Rekurs auf die moderne Phonetik mit Pompino-Marshall (1995, S. 2) einwendet, gilt die »Auffassung, in der gesprochenen Sprache entsprächen den Buchstaben der geschriebenen Sprache eine wohlgeordnete Folge abgrenzbarer Einzellaute«, als »schlichtweg falsch«. Stattdessen ist von der vielfachen Überlagerung lautlicher Einheiten durch Nachbareinheiten auszugehen, sodass phonetisch diskrete Segmente nicht zu gewinnen sind (ebd.). Dazu kommt, dass viele »Laute« in der Isolation nicht aussprechbar sind. Insofern ist ein Alphabetisierungskonzept, das von einem »genauen Hinhören« ausgeht, sprachwissenschaftlich nicht begründet. Zudem geht die Methode von der Standardsprache des Deutschen aus, um zu Verschriftungen zu gelangen. Für Kinder anderer Herkunftssprachen und Kinder, die dialektal oder soziolektal sozialisiert sind, fehlen diese Voraussetzungen, sodass dieser Zugang zur Schrift eine zusätzliche Erwerbshürde darstellt und im Schriftspracherwerb benachteiligt. Auch im Hinblick auf die Struktur der Schrift wird kritisiert, dass bei der Annahme einer Laut-Buchstabenkongruenz in der Verschriftung wesentliche Bezugsgrößen der Orthographie nicht berücksichtigt werden, wie sie von Bredel (ebd.) zusammengefasst werden: »Die Schrift buchstabiert darüber hinaus prosodische (Silben, Füße, Akzente), morphologische (Stammkonstanz/Morphemkonstanz) und syntaktische Eigenschaften (Wortgrenzen, Satzgrenzen, syntaktische Funktionen) aus.« Schlussfolgernd bilanziert sie (ebd., S. 127), dass Schriftspracherwerbsprogramme, »die Buchstaben auf Lautwerte festlegen, [...] weder unter sprachtheoretischer noch unter schrifttheoretischer Perspektive haltbar und daher weder für Kinder mit Deutsch als erster noch für Kinder mit Deutsch als zweiter Sprache vertretbar« sind. Auf die besonderen Erwerbshürden und die damit verbundene Benachteiligung von Kindern aus Migrationsfamilien weist auch Röber (2013 b, S. 17) hin, die beim Erwerb der Lesekompetenz nach den internationalen Schulleistungsstudien von PISA und IGLU weiterhin einen überproportionalen Leistungsrückstand aufweisen. Nach Röbers Hypothese ist dies auch der Alphabetisierung im Anfangsunterricht geschuldet, der an deutschen Schulen mehrheitlich über Konzepte erfolgt, die dem Ansatz »Lesen durch Schreiben« nahestehen. Wie Bredel kritisiert sie, dass sich die Praxis des Erstlese- und Schreibunterrichts nicht an den phonologischen und grammatischen Strukturen ausrichtet und deren Modellierung in das Zentrum der Erwerbskonzeptionen stellt (ebd., S. 18). Unter Einbezug auch internationaler kognitionspsychologischer Erkenntnisse zu Wissensaufbau und Spracherwerb resümiert Röber (ebd., S. 19) die Bedingungsfaktoren des Schriftspracherwerbs wie folgt: »Schrifterwerbsprozesse sind [...] dreifach abhängig von dem Input, den Kinder erfahren: von den Angeboten der gesprochenen Sprache in der Umgebung des Kindes, von den jeweiligen phonologischen und grammatischen Strukturen und der Orthographie der Sprache und von den Instruktionen des Unterrichts.« In der Konsequenz fordert sie einen schriftlinguistisch ausgerichteten sprachlichen Anfangsunterricht, der sich an dem sprachwissenschaftlichen Erkenntnisstand ausrichtet und für den sie die silbenanalytische Methode entwickelt hat. Die sprachwissenschaftlich-schrifttheoretisch orientierte Methode zielt darauf, die »Sprache prosodisch zu gliedern und dabei Segmente der gesprochenen Sprache zu entdecken, die von der Schrift systematisch angezeigt werden, um sie die notwendigen Wahrnehmungskategorien sowohl im Gesprochenen als auch im Geschriebenen entwickeln zu lassen« (ebd., S. 154). Der Wert der Methode »wird zuerst im orthographischen Lernerfolg der Schüler gemessen« (ebd., S. 181) und ist dahingehend zieleffizient, wenngleich konstatiert wird, dass bisher nur explorative Studien zur Evidenz der Methode vorliegen (ebd.). Mit der Ausrichtung auf die Orthographie ist der sprachdidaktische Fokus benannt, der für die silbenanalytische Methode leitend ist. Kommunikativ-literale Motive des Schriftspracherwerbs, wie sie aus dem Spracherfahrungsansatz und der Schreibdidaktik (Brügelmann, 1984; Brinkmann, 2015; Valtin & Naegele, 1986; Röhner, 1997; Röhner, 1999; Kohl, 2005; Kohl & Ritter, 2011; Ritter & Ritter, 2012) bekannt sind und zum Aufbau von Textkompetenz führen, sind in der silbenanalytischen Methode nicht berücksichtigt. Sie misst den kommunikativen Handlungsbedürfnissen und sprachlichen Ausdrucksformen, die mit dem Lesen und Schreibenlernen verbunden sind, keine Bedeutung zu und begreift den Erwerb der Schriftsprache als phonologisch-silbenanalytischen Dekodierungsprozess jenseits expressiver und kommunikativer Funktionen des Spracherwerbs. Ob ein sprachwissenschaftlich-kognitionspsychologisches Verständnis des Schriftspracherwerbs, das sich primär an den sprachlich-linguistischen Strukturen ausrichtet und die kommunikativ-pragmatischen wie literar-ästhetischen Dimensionen ausblendet, den multimodal-motivationalen Aspekten des Schriftspracherwerbs gerecht wird, darf in Frage gestellt werden. Auch finden Erkenntnisse zur Bedeutung eines interaktiven Erwerbskontexts, in dem sich der Schriftspracherwerb vollzieht, keine ausreichende Berücksichtigung (Becker-Mrotzek & Vogt, 2009). Ein kohärentes Modell des sprachlichen Anfangsunterrichts, das die unterschiedlichen Dimensionen sprachlichen Lernens berücksichtigt, ist im Viersäulenmodell von Brügelmann und Brinkmann (2000) entwickelt, das die unterschiedlichen sprachlichen Erwerbsaufgaben beim Schriftspracherwerb in ihrem systematischen Zusammenhang darstellt und definiert. Die vier Säulen des sprachlichen Anfangsunterrichts werden wie folgt definiert: Freies Schreiben eigener Texte, (Vor-) Lesen von Kinderliteratur, systematische Einführung von Schriftelementen und Leseverfahren sowie Aufbau und Sicherung eines Grundwortschatzes. Die Gegenstandsbereiche des Schriftspracherwerbs stehen in diesem

Modell in einem kohärenten sachlogischen Zusammenhang und bedingen sich wechselseitig. Der Schriftspracherwerb ist in diesem Modell eingebettet in ein grundschulpädagogisches Verständnis des Lernens, das von einem gemeinsamen Erlebnisrahmen, dem Aufgreifen von Kinderinteressen und sinnstiftenden Projekten im Anfangsunterricht ausgeht und sprachliches Lernen in diesen übergreifenden Kontexten des Unterrichts eröffnet. Brinkmann (2010) hat die grundlegenden schriftsprachlichen Erwerbsaufgaben im Konzept der ABC Lernlandschaft ausdifferenziert und didaktisch-methodisch vielfältig für die Unterrichtspraxis aufbereitet. Dagegen sind jüngere Konzepte des Schriftspracherwerbs, die der silbenanalytischen Methode folgen, auf den rezeptiven Modus des Lesenlernens fokussiert und fallen in ihrer didaktisch-methodischen Gestaltung in die bereits in der Fibelkritik der 1970er Jahre problematisierte Inhaltsleere der Texte und den formalen Schematismus des silbenorientierten Lesens zurück. Beispielhaft wird hier zum Beleg auf die Fibel »ABC der Tiere. Lesen in Silben. Die Silbenfibel« (Kuhn 2010) verwiesen. Die Lesetexte sind ausschließlich methodisch-silbenanalytisch orientiert und stiften weder einen literarischen noch einen lesemotivationalen Bezug. Literarische Bildung und die Stiftung von Lesemotivation, die sich an kinderliterarisch-ästhetischen Formen und lustvoll-spannungsreichen Texten ausrichtet, sucht man vergeblich. Auch das Schreiben eigener Texte ist in der didaktischen Konzeption nicht vorgesehen, sodass zentrale Felder des sprachlichen Anfangsunterrichts und kommunikative schriftsprachliche Ausdrucksformen in der silbenanalytischen Methode nicht berücksichtigt sind. Damit fällt der Ansatz hinter zentrale Diskurs- und Erkenntniserträge der Schriftspracherwerbsforschung zurück und fokussiert einen einseitig phonologisch-linguistischen Ansatz, der die kommunikativen und literar-ästhetischen Dimensionen sprachlichen Lernens ausblendet.

Die Bedeutung der kommunikationsorientierten Ansätze des Schriftspracherwerbs für die Entwicklung von Schreibfähigkeit im Sinne von Textkompetenz kann durch die Schreibforschung als belegt gelten. So zeigt ein Textvergleich von Grundschülern zwischen 1972 und 2002, den Steinig, Betzel, Geider und Herbold (2009, S. 345) durchführten, dass der Textumfang und der Umfang des Wortschatzes bei den 2002 untersuchten Kindern deutlich angestiegen und die Texte »kommunikativer, spontaner, variabler und erzählender gestaltet« waren. Während die Probleme der 1972 untersuchten Kinder im textgestaltenden Bereich lagen, zeigten sich bei den 2002 untersuchten Kindern Probleme im strukturell-formalen Bereich (ebd.). In der Konsequenz fordert Bredel (2012, S. 139) stichhaltig, »die neueren Erkenntnisse der Orthographieforschung und der Schreiberwerbsforschung auf eine Weise fruchtbar zu machen, dass es gelingt, die textuelle Kompetenz mit der orthographischen Praxis zusammenzuführen«. Mit Verweis auf eine jüngere Studie Mehlems (2013) kann darauf hingewiesen werden, dass bei einer interaktiven Ausrichtung des Erstschreibunterrichts, die dem vorgängig kritisierten Ansatz des Lesens durch Schreiben folgt, die sprachwissenschaftlich begründeten Nachteile in der Kommunikation zwischen der Lehrkraft und den Zweitsprachlernenden ausgeglichen werden und zielsprachlich korrekte Schreibungen erreicht werden können. Gleichzeitig enthält die Studie Mehlems (2013) Hinweise, die die Annahmen der silbenanalytischen Methode stützen. So zeigen Zweitsprachlernende anderer Herkunftssprache, die noch über eine wenig entwickelte alphabetisch orientierte Strategie verfügen, »Schwierigkeiten mit der Differenzierung des Vokalismus im Deutschen und mit Konsonantenclustern [...] auch in türkischen Text[en] (ebd., 157). Insofern ist die grundsätzliche Kritik der neueren Schriftlinguistik in der Alphabetisierungsdebatte zu berücksichtigen. In der zweisprachlichen Alphabetisierung ist die Integration linguistisch-sprachwissenschaftlicher Ansätze, die prosodisch orientiert sind, vor allem dadurch begründet, dass Kinder anderer Herkunftssprachen über divergierende phonologische Voraussetzungen verfügen, die im Zweitspracherwerb berücksichtigt werden müssen. Auf diese Erwerbsbedingungen muss auch ein kommunikativ orientierter Anfangsunterricht in der Zweitsprache Bezug nehmen, um Startnachteile zu vermeiden und Kindern anderer Erstsprachen einen strukturierten Zugang zur Schrift zu eröffnen. Dies kann durch gezielte Förderung der phonologischen Bewussheit erfolgen, die auch im Rahmen eines sprachkommunikativ und literarisch ausgerichteten Anfangsunterrichts einen hohen Stellenwert einnehmen sollte. Bei der Alphabetisierung in sprachlich heterogenen Gruppen eignet sich insbesondere auch ein sprachkontrastives Vorgehen, das die Aufmerksamkeit für die phonologischen Strukturen der Sprache schärft und den Zugang zur Phonem-Graphem-Beziehung eröffnet. Der gezielte Erwerb phonologischer Bewusstheit stellt zudem eine grundlegende Voraussetzung für das Schreiben mit der Anlauttabelle dar, die frühe eigene Verschriftungen erlaubt und die alphabetische Strategie unterstützt und fördert, die für den Schriftspracherwerb zentral ist. Um auch Kindern anderer Erstsprachen und Kindern mit dialektaler Aussprache oder wenig entwickelten sprachlichen Voraussetzungen das Schreiben mit Anlauttabellen zu ermöglichen, schlägt Brinkmann (2016) digitalisierte ›sprechende‹ Anlauttabellen vor, die auch in individualisierter Form das Schreiben erster Wörter und Texte eröffnen. Auch Materialformate wie digitale Vorlesestifte (»Tiptoi«, »TING«-Stift oder »Anybook Reader«) bieten zusätzliche Hilfen für den Schreibanfang mit der Anlauttabelle, der sich »bewusst auf die Einstiegsphase beschränkt« (ebd., 13). Auch das Diktieren von Texten eröffnet einen frühen Zugang zu Schrift und Schriftlichkeit und lässt Schreibanfänger Schreiben als kulturelle Praxis und ästhetische Ausdrucksform erfahren (Röhner, 1997; Merklinger, 2011). In der Transformation von gesprochener Sprache in sprachliche Zeichen, die in der sprachlichen Interaktion zwischen der Lehrkraft, die schreibt, und dem Kind, das diktiert, erfolgt, wird die phonologische Bewusstheit in engeren und weiteren Sinn insofern erprobt, als das Kind aufgefordert ist, lautlich verlangsamt und akzentuiert zu sprechen und zunehmend im Format konzeptioneller Schriftlichkeit zu diktieren. Die Studie von Merklinger (2011) zum Potenzial des Diktierens als Zugang zur Schriftlichkeit bietet einen wissenschaftlich fundierten Ansatz frühen literarischen Schreibens, der Diktieren als ›lernendes Schreiben‹ konzeptualisiert und auch für zweitsprachlernende Kinder oder auch für Kinder aus schreibfernen Milieus besonders geeignet erscheint. Erste Erfahrungen, wie neu zugewanderte Kinder an das freie Schreiben herangeführt werden können, stellt Osburg (2016) dar.

Insgesamt muss jedoch konstatiert werden, dass die Forschungslage im Feld des Schriftspracherwerbs, der zweitsprachlichen Alphabetisierung und des zweitsprachlichen Orthographieerwerbs noch wenig konturiert ist und ein explizites Forschungsdesiderat darstellt. Die Studien zum Orthographieerwerb, die bisher in Form mikroanalytischer Fallstudien vorliegen, zeigen, dass mehrsprachig Lernende die orthographischen Repräsentationssysteme bekannter Erstsprachen produktiv auf den Erwerb der Schriftsprache in der L2 übertragen (Noack & Weth, 2012, S. 24). Sprachvergleichende Studien aus dem deutschsprachigen Raum belegen, dass auch Übertragungen aus der Orthographie der L 2 in die Orthographie der L 1 erfolgen. Die Studie von Kalkavan (2012) untersucht den Transfer deutscher Orthographieregeln in türkischsprachige Lernertexte und weist interlinguale Transferleistungen aus der Zweitsprache Deutsch nach. In der didaktischen Schlussfolgerung wird auf die Bedeutung von Rechtschreibgesprächen hingewiesen, um einen mehrsprachigen, inneren Regelbildungsprozess und einen reflektierten Schriftsprache(n)erwerb zu eröffnen (ebd., S. 76). Welche Effekte von einem biliteralen Schriftspracherwerb zu erwarten sind, wird auch in den qualitativen sprachvergleichenden Studien Mehlems (2011; 2013) untersucht. Im Ergebnis zeigt die Mikroanalyse von zweisprachig verfassten Texten deutsch-türkischer Erstklässler, dass diese ihre Familiensprache als Ressource für den Schriftspracherwerb nutzen, »wobei nicht immer der deutsche Text den weitesten Entwicklungsstand anzeigt« (Mehlem 2011, S. 133). Das freie Schreiben in der Herkunftssprache weist nach diesem Befund »einen hohen diagnostischen Wert für die Entwicklung textstruktureller, grammatischer und orthographischer Kompetenzen im Deutschen auf« (ebd.), was zukünftig zu einer erhöhten Nutzung der Herkunftssprachen im sprachlichen Anfangsunterricht führen und als Anknüpfungspunkt für eine sprachvergleichende, sprachsystematische Alphabetisierung betrachtet werden sollte.

5

Sprachdiagnostik und Sprachbeobachtung bei ein- und mehrsprachigen Kindern

Sprachdiagnostik ist die Voraussetzung für eine gelingende sprachliche Bildung und Förderung. Im Folgenden geben wir einen Überblick zu allgemeinen und speziellen Aspekten der Sprachdiagnostik. Nach Hinweisen auf Alarmsignale bei Entwicklungsverzögerungen beleuchtet eine Zusammenstellung diagnostischer Leitfragen folgende Sprachstrukturebenen: die kommunikativ-pragmatische, rezeptive und produktive, rhythmisch-prosodische, phonetisch-phonologische, lexikalisch-semantische, syntaktisch-morphologische und metasprachliche Dimension. In Abgrenzung zu Verzögerungen werden knapp Störungen der sprachlichen Kommunikation dargestellt.

Sieben Fallbeispiele portraitieren mehrsprachige Kinder, die auch in ihrer Erstsprache auffällig sind. Die ausgewählten Kinder aus der Elementar- und Primarstufe haben noch zusätzliche Entwicklungsrisiken durch organische, psychische, kognitive und sozioökonomische Beeinträchtigungen zu bewältigen. Die Kinder werden an verschiedenen Orten gefördert: Krippe, Kindergarten, Vorklasse, Sprachheilschule, Grundschule mit Unterstützung durch ein Beratungs- und Förderzentrum, an einer inklusiv arbeitenden Grundschule mit einem interdisziplinären Förderteam.

5.1 Eine Auswahl sprachdiagnostischer Verfahren

Dieser Abschnitt hat nicht den Anspruch auf eine vollständige Darstellung aller Verfahren, sondern bietet eine Auswahl im Hinblick auf den Anspruch »Kinder stärken in Sprache(n) und Kommunikation«. Erhebungsverfahren können unterschieden werden nach standardisierten formellen Tests und nicht-standardisierten informellen Verfahren wie Screenings, Profilanalysen, Beobachtungsbögen, Analyseraster oder Kriterienkataloge. Psychometrische Verfahren sind meist Individualtests, die testdiagnostisches Wissen voraussetzen. Informelle Verfahren können auch Lehrkräfte durchführen, sofern sie dafür Zeit organisieren können. So können auch Verfahren, die nicht für Deutsch als Zweitsprache konzipiert sind, dazu dienen, den Sprachstand mehrsprachiger Kinder zu beschreiben, sofern nicht normativ verglichen wird. Beurteilt man vorliegende Verfahren mit dieser pädagogischen Zielsetzung, so können folgende Kriterien ausschlaggebend sein: Zeitaufwand für Durchführung und Auswertung, Individual- oder Gruppenverfahren, Vertrautheit mit Testroutinen und linguistisches Vorwissen, Vergleichbarkeit mehrerer Kinder und Konsequenzen für konkrete Förderung.

Hier werden folgende Verfahren vorgestellt, die sich trotz gewisser Vorbehalte auch für die Beschreibung von Sprachleistungen neu zugewanderter Kinder eignen: liseb (2014), LiSe-DaZ, SFD (1999, 2016 neu), HAVAS (2004), Profilanalytische Verfahren nach Grießhaber (2005) und Heilmann (2012): Diagnostik und Förderung leicht gemacht, der die das Sprachstandbeobachtung 1 und 2 (2011), der die das Sprachstandbeobachtung 3 und 4 (2013), Niveaubeschreibungen Deutsch als Zweitsprache für die Primarstufe und ein freies Verfahren zur Analyse von Spontansprachproben in Verbindung mit Kinderzeichnungen.

liseb: Literacy- und Sprachentwicklung beobachten

Liseb wurde auf der Basis von Sismik und Seldak für den Elementarbereich entwickelt und wurde sowohl für deutschsprachige Kinder als auch für Kinder mit einer anderen Familiensprache konzipiert (Mayr, Kieferle, Schauland, 2014). liseb ist ein strukturiertes Beobachtungsverfahren für die systematische Begleitung der Sprachentwicklung von Kindern zwischen 24 und 47 Monaten. Es gibt liseb-1 für Sprachanfänger und liseb-2 für Fortgeschrittene. Beide Beobachtungsbögen bestehen aus vier Teilen: *1. Sprachverhalten in bestimmten, sprachrelevanten Situationen, 2. sprachliche Kompetenz im engeren Sinn, 3. die Sprachen des Kindes, 4. die Familie des Kindes. Auf einer vierstufigen Skala wird eingeschätzt, wie häufig eine Beobachtung zutrifft.* Das Begleitheft enthält eine Anleitung für die qualitative und quantitative Auswertung des Bogens mit Fallbeispielen sowie Hinweise zur sprachlichen Bildungsarbeit.

LiSe-DaZ: Linguistische Sprachstandserhebung – Deutsch als Zweitsprache

Der Test von Schulz & Tracy (2012) berücksichtigt unterschiedliche Lernausgangslagen einsprachig und mehrsprachig aufwachsender

Kinder. Der standardisierte Test erfasst im Rahmen einer Bildergeschichte die Sprachrezeption und -produktion, was mit einem Aufzeichnungsgerät dokumentiert und einem Protokollbogen notiert werden soll. Ohne linguistische Grundkenntnisse und eine intensive Einarbeitung kann der Test nur bedingt von Grundschullehrkräften ohne zusätzliche Ausbildung ausgewertet werden (Jeuk, 2015, S. 127).

SFD – Sprachstandsüberprüfung und Förderdiagnostik für Ausländer- und Aussiedlerkinder

Das Verfahren (Hobusch, Lutz & Wiest 2016) ist für mehrsprachige Kinder konzipiert und anwendbar für Grundschüler von der 1. bis zur 3. Klasse als Einzeltest und im 4. Schuljahr als Gruppentest. Es werden die Sprachrezeption und -produktion mit Lückentexten zum Einsetzen von Artikeln und einer Bildergeschichte überprüft, zu der sechs Fragen gestellt werden. Zehn Aufgaben überprüfen Präpositionen mit kausaler, temporaler, modaler und finaler Bedeutung. Berücksichtigt werden im Subtest Wortschatz 15 Herkunftssprachen.

HAVAS 5 – Das Hamburger Verfahren zur Analyse des Sprachstands Fünfjähriger

Das Verfahren gilt für 5- bis 7-jährige Kinder, ist bei neu zugewanderten Kindern bis zur 4. Klasse einsetzbar, berücksichtigt sechs Herkunftssprachen und ansatzweise Bilingualität. Auch die Erstsprachen Polnisch, Portugiesisch, Russisch, Spanisch, Italienisch und Türkisch können berücksichtigt werden. Die Auswertung bezieht sich auf fünf Aspekte: Aufgabenbewältigung, Bewältigung der Gesprächssituation, Verbaler Wortschatz, Formen und Stellung des Verbs und Verbindung von Sätzen. Dieses Verfahren setzt entwickelte Erzählfähigkeit voraus, die für Sprachanfänger nicht gegeben ist, wohl aber für Kinder der sechs Herkunftssprachen geeignet sein kann (Reich & Roth, 2004).

Profilanalytische Verfahren

Die Profilanalyse ist ein Sprachtest- und -diagnoseverfahren zur Ermittlung des Sprachstandes nichtdeutschsprachiger Lerner, das keine Schriftsprachenkenntnisse voraussetzt. Es wurde von Grießhaber aufgrund empirischer Studien im Projekt »Deutsch und PC« (2001-2006) entwickelt.

In dem Konzept »Diagnostik und Förderung leicht gemacht« hat Heilmann (2012) die Profilanalyse mit Grießhaber weiterentwickelt als Diagnosewerkzeug für die Praxis der Grundschule. Auf einer beigefügten DVD wird in einem Film-Seminar die Erstellung von Sprachprofilen anschaulich erklärt. Sogenannte »Förderhorizonte« zeigen zusätzlich differenzierte Umsetzungsmöglichkeiten in »Förderbausteinen«, die zum Deutsch-, Mathematik- und Sachunterricht vorliegen.

Der die das Sprachstandsbeobachtung 1 / 2 und 3 / 4

In dem Sprach- und Lesebuch für heterogene Grundschulklassen »der die das« (Jeuk, Sinemus & Strozyk, 2009–2012) sind Sprachbeobachtung und Schriftspracherwerb eng aufeinander bezogen. Jeuk verband Profilananalyse mit der Vorgehensweise von HAVAS in folgenden beiden Verfahren: der die das Sprachstandsbeobachtung 1 / 2 (Jeuk 2011) und der die das Sprachstandsbeobachtung 3 / 4 (Gehring, Jeuk, Schäfer, 2013).

Niveaubeschreibungen Deutsch als Zweitsprache für die Primarstufe

Dieses sprachdiagnostische Verfahren (Döll, 2012, Sächsisches Bildungsinstitut, 2013) ermöglicht es Lehrkräften, im Unterricht den Sprachstand aller Schülerinnen und Schüler – nicht nur mit Deutsch als Zweitsprache – in vier Niveaustufen zu beschreiben, und zwar in folgenden Bereichen: Weite der sprachlichen Handlungs- und Verstehensfähigkeit, Wortschatz, Aussprache, Lesen, Schreiben, Grammatik und Persönlichkeitsmerkmale des Schülers. Als Beobachtungsverfahren ist kein spezielles Impuls- oder Testmaterial erforderlich, so dass es gut in den Schulalltag integrierbar ist. Es kann für einzelne Kinder und auch eine ganze Klasse ein individuelles Kompetenzprofil im Deutschen als Zweitsprache erstellt werden.

Freies Verfahren zur Analyse von Spontansprachproben in Verbindung mit Kinderzeichnungen

Man kommt schnell in Kontakt mit Kindern, wenn man sich neben sie setzt und sie sich selbst zeichnen lässt zusammen mit einem Baum und einem Tier, ohne dies weiter mit einem Mann- oder Baumzeichentest zu interpretieren. Es entstehen individuelle Selbstdarstellungen mit wertvollen Hinweisen auf sprachliche und kommunikative Fördermöglichkeiten, wie es in dem Fallbeispiel illustriert wird.

Die dargestellten Verfahren sind eine Möglichkeit einer linguistischen Sprachbeschreibung, die ergänzt wird durch aufmerksames Beobachten von Entwicklungsschritten, Fragenstellen zum Verständnis von Auffälligkeiten in der Sprache und Kommunikation mit anderen Kindern und Erwachsenen.

5.2 Meilensteine als Alarmsignale für Eltern, Fach- und Lehrkräfte

Aussagen zu Meilensteinen im Spracherwerb können eine gewisse Orientierung für Grenzsteine bieten. Kommt man selbst nicht weiter, ist eine vertiefende differenzialdiagnostische Abklärung durch Experten angezeigt. Als Grenzsteine gelten nach Kany/Schöler (2007, S. 60) folgende Anhaltspunkte: Defizite im Bereich der Prosodieverarbeitung/-nutzung, verzögerter Erwerb der Lautbildung, Andauern phonologischer Prozesse, Symptome wie Wortfindungsschwierigkeiten, Überwindung der 50er Wortschwelle, Quantität, Qualität und Organisation des Lexikons, Andauern von Infinitivformen, Kasus-Probleme, mangelhafte Kongruenz, Andauern der Verbendstellung, Einschränkungen aufgrund fehlender formal-sprachlicher Mittel, Ausbleiben von Fragen und unzulänglich ausgebildete Vorläuferfertigkeiten im Hinblick auf Lesen und Schreiben. Hilfreiche Hinweise zu Risiken und Störungen in der Sprachentwicklung mit Hörproben finden sich auch auf den Webseiten des Deutschen Bundesverbandes für Logopädie und der Bundeszentrale für gesundheitliche Aufklärung.

5.3 Diagnostische Leitfragen zum Erst- und Zweitspracherwerb

Was kann das Kind? Was muss es noch lernen? Was soll es als Nächstes lernen? Diese einfachen Fragen leiten förderdiagnostische Vorgehensweisen, wie sie Dehn (2006) allgemein für jede Lernstanderhebung stellt. Eine ausgewählte Sprachprobe kann dann unter vielfältigen Aspekten betrachtet und analysiert werden nach dem Motto: »To look on a small thing broadly!« Folgende diagnostische Leitfragen beziehen sich auf den Erst- und Zweitspracherwerb im Hinblick auf Sprechhandeln, Sprachrezeption und -produktion, Rhythmik, Lautwahrnehmung und -produktion, Lautbedeutung in der Artikulation, Wortschatz und -bedeutung, Erwerb der Grammatik und die metakommunikative Analyse sprachlicher Strukturen.

Sprechhandeln – Pragmatik (Kommunikation und Interaktion)

Die Pragmatik beleuchtet den kommunikativen Gebrauch der Sprache. Die pragmatisch-kommunikativen Fähigkeiten haben Schlüsselfunktionen, da sie darüber entscheiden, ob und wie ein Kind seine weiteren

Fähigkeiten im Bereich der Laut-, Wort- und Satzbildung situationsangemessen einsetzen kann, um mit seiner Umwelt in Kontakt zu kommen. Gerade das ist für Kinder wichtig, die Deutsch als Zweitsprache lernen. Sie brauchen Akzeptanz, Verständnis und Sprachmodelle, um sich zu trauen, in Gruppen etwas zu sagen. Wichtig sind Rückmeldungen dazu, wie man als Junge oder Mädchen Kontakt aufnimmt, wie man jemanden begrüßt, wie man etwas interessant erzählen, Fragen stellen oder und bei Nichtverstehen Hilfe einfordern kann.

> **Erwerbsaufgabe:**
> Verstehen körpersprachlicher, nonverbaler Unterschiede in verschiedenen Sprachen und soziokulturellen Kontexten
>
> **Leitfragen:**
> Wie kommuniziert das Kind? Nonverbal mit Blickkontakt, Gesten und Handlungen in Verbindung mit einzelnen Worten oder schon verbal mit Sätzen? Bei welchen Anlässen nutzt ein Kind eher Sprache oder nonverbale Ausdrucksmöglichkeiten? Wann sagt das Kind etwas? Z. B. bei der Begrüßung oder bei der Begegnung mit anderen Kindern? Mit wem spricht ein Kind wie? Hält sich das Kind an Redekonventionen gegenüber Erwachsenen? Unterschiedliche soziokulturspezifische Kommunikationsregeln sind zu berücksichtigen. Zum Gelingen tragen folgende sozial-emotionale Aspekte bei: aufmerksames Zuhören, Berücksichtigung des Interesses von Zuhörenden, Nachfragen bei Unklarheiten und mehrdeutigen Gesten, Aufmerksamkeit für Mimik und Tonfall und Berücksichtigung sozialer Rollen (Scharff Rethfeldt, 2013, S. 139).

Sprachrezeption und -produktion

Die Sprachwahrnehmung basiert auf höchst komplexen und aufwendigen Prozessen der Informationsverarbeitung und Aufmerksamkeitssteuerung. Ein Kind braucht ein gesundes Hörvermögen, um Schallwellen wahrnehmen zu können und Sprachsignale mit ihren Bedeutungen zu erschließen. Sinntragende Einheiten müssen aus einem kontinuierlichen Sprachfluss herausgefiltert und segmentiert werden. Auch wenn Sprecher inhaltlich das Gleiche sagen, so haben sie doch verschiedene Artikulationsweisen, Betonungen und auch oft Dialektfärbungen. Zuhörenkönnen im sozialen Kontext geht nicht automatisch mit dem Spracherwerb einher, sondern muss erlernt werden.

> **Erwerbsaufgabe:**
> Neuorientierung der Aufmerksamkeit auf Eigenheiten von L2 im Kontext einer neuen Sprach-, Schul- und Schriftkultur
>
> **Leitfragen:**
> Wie verhält sich die Sprachproduktion zur Rezeption? Wieviel versteht ein Kind und kann dies durch Handlungen ausdrücken und wieviel durch Sprechen? Kann ein Kind situationsgerecht fragen, bitten, erzählen, auffordern oder etwas ablehnen? Kann ein Kind Gespräche führen oder mit verfolgen und sich angemessen einbringen? Versteht es Regeln zum Sprecherwechsel? Kann das Kind Normen erkennen, wann es sprechen und wann es zuhören soll?

Denkt man an eigene Auslandserfahrungen, wird deutlich, wie anstrengend es sein kann, sich in einer neuen Sprach- und Schriftkultur zu orientieren, um aus den Äußerungsfolgen und fremdklingenden Lautketten bekannte Wörter herauszuhören. In der Alltagskommunikation kann durch Zeigen und Deuten auf Gegenstände oder Personen die eingeschränkte Sprachwahrnehmung durch Kontextinformationen ergänzt werden.

Rhythmik von Spracheinheiten (Erwerb der Prosodie)

Prosodie bezeichnet alles, was über den Einzellaut hinaus wirksam ist im Zusammenspiel der akustischen Merkmale Dauer, Intensität und

Grundfrequenz (Selting, 1995). Laut Wikipedia ist die Grundbedeutung etwa ›Hinzugesang‹. Bereits im Mutterleib kann ein Mensch musikalische Elemente wie Melodie, Rhythmus, Dynamik, Tonlage und Klangfarbe wahrnehmen. Prosodische Merkmale sind Rhythmus, die Tonhöhe, die Betonung, die Lautstärke und Variationen in der melodischen Gliederung von Aussagen.

> **Erwerbsaufgabe**:
> Das Kind muss sich auf Rhythmus, Klang und Intonation in der Zweitsprache einstellen und eine neue Sprachmelodie erlernen.
>
> **Leitfragen:**
> Kann ein Kind bei Lauten, Wörtern und Sätzen unterscheiden, ob etwas laut-leise, hoch-tief, lang-kurz, monoton-betont gesprochen wird? Kann ein Kind mit Lautstärke und Tonhöhe variieren? Wann wird geatmet bei längeren Äußerungen? Werden Sprechpausen entsprechend den Sinnschritten gesetzt?

Wenn die Satzmelodie und Betonung in Wörtern in der Erstsprache anders ist, muss ein Kind die zielsprachliche Metrik im Deutschen erkennen. So wird in einem deutschen zweisilbigen Wort die erste Silbe betont (trochäisch) (Penner 2003, S. 13 f.) und z. B. im Französischen die zweite Silbe (jambisch). Die Prosodie ist ein wichtiger Aspekt im L2-Erwerb, da eine mangelhafte Beherrschung der Prosodie zu kommunikativen Missverständnissen führen kann. So wird das Verständnis erschwert, wenn z. B. jemand in dem Wort »beobachten« die letzte Silbe betont und dazu noch das /e/ durch /ä/ realisiert.

Laute wahrnehmen und produzieren (Phonetik)

Die Phonetik beschreibt sprachliche Lautäußerungen und befasst sich mit den physikalischen Eigenschaften und akustischen Merkmalen von Sprachlauten, z. B. mit Frequenz und Intensität. Untersucht wird, wie vorsprachliche und sprachliche Laute beim Sprechen erzeugt werden und wie sie wahrgenommen werden können.

> **Erwerbsaufgabe:**
> Das Kind muss den sogenannten Lautfilter auf die L2 erweitern und sich auf unbekannte, fremdklingende Laute einstellen, einzelne deutsche Laute neu hören lernen, phonetische Kontraste erkennen und nicht normgerechte Laute aus der L1 ausblenden lernen. Neue Regeln der Lautverteilung und des Silbenaufbaus erfordern eine besondere Fokussierung der Aufmerksamkeit bei der Rezeption und Produktion von Lauten im Wort- und Satzzusammenhang.
>
> **Leitfragen:**
> Wie sind die organischen Voraussetzungen für die Sprechmotorik und die Hörfähigkeit? Kann ein Laut isoliert korrekt gebildet werden? Kann das Lautinventar der Umgebungssprache wahrgenommen und unterschieden werden, z. B. /r/ oder /l/?

Die Aufmerksamkeit muss auf Unterschiede zwischen L1 und L2 fokussiert werden können, um Abweichungen in sprachspezifischen Phoneminventaren wahrnehmen zu können und mundsensomotorisch zu bilden (Scharff-Rethfeldt, 2013, S. 138). Das Kind muss Lautketten im Deutschen gliedern und differenzieren lernen, um Sätze, Wörter, Silben, Laute aus einer Klangfolge herauszuhören. Mehrsprachige Kinder verstehen Lehrkräfte schlecht, wenn Erklärungen oder Anweisungen mit ungewohnter Betonung und Pausensetzung gegeben werden. Auch wenn die akustischen Rezeptionsbedingungen nicht optimal sind, müssen Kinder ihr Aufmerksamkeitsfenster bewusst öffnen können. Schon wenn ein Schlüsselwort nicht oder anders verstanden wird, so versteht ein Kind nicht, was es tun oder lassen soll.

Lautbedeutung in der Artikulation (Phonologie)

Die Phonologie befasst sich mit den systematischen Aspekten von Sprachlauten. Phoneme sind die kleinsten bedeutungsunterscheidenden Einheiten der Sprache. Es werden Funktionen und Regelmäßigkeiten in einem Sprachsystem betrachtet. Der Aufbau von phonologischer Bewusstheit tangiert auch metasprachliche Kompetenzen.

> **Erwerbsaufgabe:**
> Das Kind muss lautliche Unterschiede zwischen L1 und L2 wahrnehmen lernen, automatisierte Sprechbewegungsmuster aus L1 in der Zweitsprache verändern und die bedeutungsunterscheidende Funktion der neu gelernten Laute nutzen lernen.
>
> **Leitfragen:**
> Können stimmhafte und stimmlose Laute, lange oder kurze Vokale diskriminiert werden, sofern es für die Bedeutungsunterscheidung wichtig ist? Wo befindet sich ein Kind in der Erwerbsreihenfolge von Lauten, z. B. kann das Kind mit den beiden Lippen die Laute /m/, /b/, /p/ bilden (bilabiale Laute) oder mit Lippen und Zähnen die Laute /f/, /w/ (labiodentale oder frikative Laute)? Kann das Kind Laute mit der Zungenspitze und den Zahntaschen bilden /t/, /d/, /n/, /s/, /z/, /sch/ (alveolare Laute)? Kann das Kind Laute am Gaumensegel bilden /g/, /k/, ich-Laut, ach-Laut, /ng/, /R/ (velare Laute)? Im Verlauf der phonologischen Entwicklung kommt es zur Vereinfachung der Lautbildung zu Auslassungen, Ersetzungen und Assimilationsprozessen.

Die Länge und Kürze der Vokale ist im Deutschen bedeutungsunterscheidend (Miete-Mitte), im Russischen/Türkischen z. B. nicht. Im Russischen oder Türkischen folgen kaum zwei Vokale oder Diphthonge aufeinander. Konsonantenverbindungen (spritzt, schrumpft) werden im Türkischen durch Einschieben sog. Sprossvokale vermieden. In der Diagnostik kann man nicht davon ausgehen, dass der

Schwierigkeitsgrad der Bildung von Lauten in der Zweit- oder Drittsprache gleich wie im Deutschen ist. Weiterführende Informationen (Krifka et al., 2014) über die Muttersprachen von Schülern gibt es zu folgenden Sprachen: Deutsch, Polnisch, Tschechisch, Englisch, Türkisch, Arabisch, Hebräisch, Persisch, Kurdisch, Bosnisch, Kroatisch, Serbisch, Bulgarisch, Russisch, Ukrainisch, Vietnamnesisch, Chinesisch, Japanisch, Koreanisch, Hindi, Urdu, Romani, Französisch, Italienisch, Rumänisch, Spanisch, Portugiesisch, Albanisch, Griechisch.

Wortschatz (Lexikon)

Der Wortschatz der deutschen Standardsprache umfasst nach Dornseiff (1959, S. 7) ca. 75.000 Wörter. Man unterscheidet den passiven Wortschatz, der zum Verstehen gesprochener und geschriebener Texte verhilft, und den aktiven Wortschatz. Mit dem Zugriff auf das mentale Lexikon kann das Kind zu einer bestimmten Bedeutung das zugehörige Wort aus dem Gedächtnis abrufen. Im Lexikon stehen sowohl einfache, nicht weiter zerlegbare Wörtern wie etwa »Haus« als auch Zusammensetzungen »Hausaufgaben« (Komposita) und Ableitungen »häuslich«. Betrachtet man die kleinsten lautlichen Einheiten, aus denen Wörter bestehen können, so kann man diese (je nach sprachtheoretischer Sichtweise) als Silben definieren oder als die Bestandteile von Wörtern, die eine grammatische Funktion oder eine Bedeutung haben (Morpheme).

> **Erwerbsaufgabe:**
> Quantitative und qualitative Wortschatzerweiterungen im Hinblick auf Wortwissen, -speicherung, -abruf, -artenerwerb und -zusammensetzungen
>
> **Leitfragen:**
> Gibt es Auffälligkeiten im Hinblick auf Umfang des Wortschatzes, Inhalte von Wortbedeutungen, regionalsprachliche Eigenheiten

> oder Soziolekt? Wie ist die Erwerbsgeschwindigkeit bei Inhalts- und Funktionswörtern? Kann ein Kind Wortstrukturen verändern und in den wechselnden Formen z. B. Numerus, Flexion, Kasus, Genus berücksichtigen? Wie gelingt das Speichern und Abrufen von Wörtern? Gibt es Wortfindungsstörungen? Werden Floskeln, Vielzweck-, Passepartout- oder Füllwörter verwendet?

Unterschiedliche Lebenswelten bedingen diverse Wortschätze. So kann es Wortschatzlücken geben aufgrund mangelnder Welt- und Spracherfahrungen oder Konzeptstörungen. Die Schwerpunkte in der Familien- oder Schulsprache unterscheiden sich nach Kontext und Personen (Scharff Rethfeld, 2013, S. 138).

Wortbedeutungen (Semantik)

Die Semantik erklärt die Bedeutung von Wörtern und von Wortteilen. Der Erwerb von Wortbedeutungen basiert auf Begriffsbildung, Wissen und Erfahrungen in verschiedenen Lebenszusammenhängen.

> **Erwerbsaufgabe:**
> Quantitativer und qualitativer Aufbau des deutschen Wortschatzes in der Umgangssprache und Weiterentwicklung der kontextunabhängigen, abstrakten Bildungssprache mit Fachwortschatz
>
> **Leitfragen:**
> Weichen die Inhalte von Wortäußerungen von den Bedeutungen bei Erwachsenen ab? Gibt es Erweiterungen oder Einschränkungen, Über- oder Unterdehnungen, Überlappungen oder Übergeneralisierungen von Wortbedeutungen?

Das Wortverständnis setzt Wissen und Begriffe voraus. Erst ab einem gewissen Umfang des Wortschatzes sind Satzbildungen möglich, die

Begriffsklärungen erlauben. Der Zugriff auf passiven Wortschatz ist begrenzt. Es gibt Fehlbenennungen, Schwierigkeiten beim Abruf von semantisch verwandten Wörtern, Vernetzung der Wörter, Kategorisierungen und Wortersetzungen (Scharff Rethfeldt, 2013 S. 138). Kinder verfügen über unterschiedlich entwickelte Strategien zur Wortschatzerweiterung wie Fragen, Nachschlagen in Wörterbüchern oder beim Gebrauch digitaler Hilfen. In der Erwerbsphase sind gelegentlich »kreative« Fehlbildungen beobachtbar.

> Antonio (6, italienisch/kroatisch) sagt: »Ich kann schon deutschiger als kroatisch und italienisch.« Cosima (6, italienisch) bemerkt, dass sie schon drei »erwachsene« Zähne hat (Wiedenmann & Holler-Zittlau, 2007, S. 36).

Erwerb der Grammatik: Wortstellung (Syntax) und Wortformen (Morphologie)

Die Syntax regelt die Anordnung der Wörter innerhalb eines Satzes und die Beziehung der einzelnen Satzglieder zueinander. Morphologie ist die Formenlehre der Sprache mit folgenden Untergliederungen: Phonem – Morphem – Wort – Satz – Text. Weitere Untergliederungen sind: Wortform (Lautgestalt), Wortstruktur (Stamm und Endung), Wortformen (Numerus, Flexion, Kasus, Genus), Wortarten (Verb, Nomen).

Erwerbsaufgabe:
Das Kind muss deutsche Satzbauprinzipien anwenden lernen, die syntaktisch-morphologischen Eigenschaften des Deutschen erkennen und auf unbetonte Sprachelemente achten.

Leitfragen:
Bildet das Kind erste Wortkombinationen? Kombiniert das Kind mehrere Wörter nach dem syntaktischen Prinzip? Sind Korre-

spondenzen zwischen Subjekt und Verb beobachtbar? Wird das Verb an zweiter Stelle im Aussagesatz gebraucht? Werden Verben in der Grundform (Infinitiv) oder gebeugt und finit gebraucht? Ist im Nebensatz die Verbendstellung zu beobachten? Wie ist der Erwerb des Genus-Systems und ist der Artikelgebrauch normgerecht? Wie ist die Pluralbildung und werden für Nomen schon Pronomen verwendet? Stimmen Numerus des Nomens mit der Verbform überein? Gibt es eine Kongruenz zwischen Nomen und Adjektiv? Wie ist die Verbflexion in den Vergangenheitsformen?

Je nach Sprache variieren die Lernanforderungen in der Morphologie. Die Satzproduktion kann sich an Grundmuster der Erstsprache orientieren und zu starren Äußerungsstrukturen führen. Der Aufbau von Fragesatzkonstruktionen ist der Schlüssel für den Wortschatzerwerb. Abhängig von der Kontaktzeit sind die Fortschritte und Normannäherungen bei der Verbstellung, Subjekt-Verb-Kongruenz, bei Flexionsmarkierungen (Kasus, Tempus, Numerus) sowie beim Gebrauch von Artikeln, Pronomen, Präpositionen und Konjunktionen.

Analyse sprachlicher Strukturen (Metasprachliche Kompetenzen)

Metasprachliche Kompetenz ist die Fähigkeit, über Sprache nachdenken und sprechen zu können. Das Kind muss Sprache mit Abstand betrachten lernen und auf ihre formalen Eigenschaften zu achten. In Bildungseinrichtungen muss das Kind lernen, seine Aufmerksamkeit gezielt auf zweitsprachliche Phänomene zu richten, die anders als in der Erstsprache sind. Das setzt voraus, dass das Kind schon in der Lage ist, von Inhalten zu abstrahieren wie bei der Frage: »Was klingt länger: Baum oder Streichholzschachtel?« Ein Kind muss seine Aufmerksamkeitshaltung gezielt steuern können, um nicht Merkmale der Erstsprache auf das Deutsche zu übertragen.

> **Erwerbsaufgabe:**
> Das Kind muss formale Merkmale der Zweitsprache erkennen und die eigenen begrenzten sprachlichen Ausdrucksmöglichkeiten nutzen, um sich über Sprache äußern zu können.
>
> **Leitfragen:**
> Kann ein Kind schon über Sprache reflektieren und auf formalsprachliche Aspekte achten? Gibt es Anzeichen für phonologische und morphologische Bewusstheit? Gibt es metasprachliches Wissen zur Beschreibung von sprachlichen Äußerungen?

Im pädagogischen Alltag werden oft Begriffe in Arbeitsanweisungen verwendet, die selbstverständlich als bekannt vorausgesetzt werden. Hier sind einige Beispiele aus Gesprächen zu dem, was mehrsprachige Schulanfänger unter »Silbe« verstehen:

> »Silbe ist eine Farbe von des Schlüssel oder manches Fisch is Silber!« meinte Myriam (Türkisch). »Die Feuerwehr macht Silbe«, erklärte Shamir (Hindi). Er meinte »Signal«. »Ich hab' aber kein Silber!« antwortete Sakshi (Dari) und kramte in ihrem Mäppchen, als die Lehrerin sagte, sie solle Silbenbögen unter Wörter zeichnen.

Die Leitfragen und die folgende Darstellung von Störungen der sprachlichen Kommunikation basieren auf analytischen Trennungen von diagnostischen Sichtweisen, die dann wieder auf Kinder fokussiert werden, um differenzierte Förderhinweise zu ergeben. Die diagnostischen Leitfragen sind kompetenzorientierte Beschreibungen als Alternative zu klinischen, logopädischen Störungsbildern, wie sie in Gutachten diagnostiziert werden.

5.4 Störungen der sprachlichen Kommunikation

Beeinträchtigungen der Sprache und der Kommunikation werden von verschiedenen Fachdisziplinen unterschiedlich klassifiziert. So unterscheidet sich die medizinische von einer linguistischen oder pädagogischen Sichtweise. Es gibt verschiedene Einteilungen zur Beschreibung und Erklärung von Erscheinungsbildern. Das hat Konsequenzen für Begriffe in der Diagnostik und Förderansätze und ist wichtig für die professionelle Verständigung zwischen pädagogischen Fachkräften, Lehrkräften, Therapeuten, Eltern und HNO- und Kinderärzten. Auch innerhalb der Fachdisziplinen gibt es unterschiedliche Sprachregelungen, die oft in Abkürzungen in Gutachten und in logopädischen Berichten gebraucht werden. SES oder USES heißt spezifische bzw. umschriebene Sprachentwicklungsstörung und bedeutet, dass ausschließlich die Sprache und nicht die gesamte Entwicklung betroffen ist, wie bei einer eingebetteten Sprachentwicklungsstörung (ESES), wenn z. B. eine Sinnesstörung zugrunde liegt (Lüdtke & Stitzinger, 2015, S. 99 f.).

Die folgende Übersicht zu Störungen der sprachlichen Kommunikation folgt der Klassifikation primärer sprachlich-kommunikativer Beeinträchtigungen von Lüdtke und Stitzinger (2015) nach den fünf Komponenten Sprechen, Sprache, Stimme, Rede und Schlucken.

Sprechstörungen

Dysarthrien sind neurogene Störungen, die sich auf Atmung, Stimmgebung und Artikulation auswirken. Bei phonetischen Störungen ist die Planung, Steuerung und Ausführung der sprechmotorischen Abläufe gestört (ebd., S. 94). Wenn die Sprechmotorik zu angespannt oder zu schlaff ist, kann es zu Koordinationsstörungen mit unwillkürlichen Veränderungen der Tonhöhe, Stimmgebung, Atmung kommen. In Zusammenhang mit spastischen Störungen kann es zu unkontrollierbaren Bewegungen kommen.

Sprachstörungen

Sprachstörungen werden klassischerweise nach folgenden linguistischen Ebenen gegliedert: phonologisch-phonetisch, morphologisch-syntaktisch, semantisch-lexikalisch und pragmatisch.

Störungen können auf der Laut-, Wort- oder Satzebene, im Redefluss oder in der Stimmgebung auftreten. Bei Sprachbehinderungen kann die körperliche Ausdrucksmöglichkeit verändert sein. Das ist offensichtlich bei anatomischen Defekten wie bei einer Lippen-Kiefer-Gaumenspalte, aber auch trotz gesunder Sprechorgane kann die Kommunikation beeinträchtigt sein. In Kindertagesstätten und Schule begegnen Fach- und Lehrkräfte im Wesentlichen folgenden Störungskomplexen:

Phonologisch-phonetische Störungen der Aussprache

Eine Störung der Artikulation liegt vor, wenn Kinder einzelne Laute oder Lautverbindungen nicht richtig aussprechen können, weglassen oder durch andere ersetzen, lispeln oder stammeln (früher wurde das oft Dyslalie genannt). Häufig sind Lautfehlbildungen infolge falscher Zungenlage und Sprechbewegungsmuster, die etwas mit der Mundmotorik und auch mit der gesamten Körperhaltung und Atmung zu tun haben. Kinder mit schlaffer Mundmotorik haben Schwierigkeiten, die Laute zu bilden. Essen und Sprechen basieren auf den gleichen Organfunktionen. Störungen in den Primärprozessen des Atmens, Schluckens, Kauens und Saugens haben Auswirkungen auf die Sekundärfunktion des Sprechens. Das Zusammenspiel von Bewegung und Artikulation kann in spielerische Übungen eingebettet trainiert werden (Holtz, 1997, S. 168). Das Fallbeispiel von Leon (► Kap. 5.5) zeigt, wie die Sprache verständlicher wird, je mehr Laute und Kombinationen gebildet werden können.

Morphologisch-syntaktische Störungen im Satzbau

Es gibt Auffälligkeiten in der Wortstellung (Syntax) im Satz und bei der Bildung von Wortformen (Morphologie) im Hinblick auf Numerus, Flexion, Kasus und Genus, wie es bei den diagnostischen Leitfragen ausführlich beschrieben ist. Die Satzbildung ist auffällig, und Kinder sprechen in Zweiwortsätzen oder im Telegrammstil. Sofern noch der Wortschatz eingeschränkt ist, sind diese Kinder ohne weitere Nachfragen und Kontextinformationen kaum zu verstehen. Diese Kinder äußern sich mit Händen und Füßen, wie das Fallbeispiel von Marvin (▶ Kap. 5.5) zeigt.

Semantisch-lexikalisch Störungen – Störungen im Aufbau des Wortschatzes

Ist der Wortschatz eingeschränkt oder nicht altersgemäß entwickelt, gibt es Unsicherheiten in der Wortwahl und Wortfindungsschwierigkeiten. Häufig werden Pseudowörter oder Stereotypien als Platzhalter verwendet oder nonverbale Ausdrucksmöglichkeiten gesucht. Wenn das Begriffsverständnis undifferenziert ist, können Wörter nicht sicher Begriffen zugeordnet und Bedeutungen von Begriffen übergeneralisiert gebraucht werden. Nonverbale Ersatzstrategien sollten als solche verstanden werden und als Vorläufer für Verbgebrauch gedeutet werden, wie im Fallbeispiel von Ichthab (▶ Kap. 5.5) gezeigt wird.

Pragmatische Störungen

Auffälligkeiten in der Kontaktaufnahme und Gesprächsgestaltung können sozio-emotionale Ursachen oder in einem besonderen Störungsbewusstsein haben. »Die Symptome der Erwerbsstörungen auf phonologischer, syntaktisch-morphologischer, semantisch-lexikalischer wie auch pragmatischer Ebene zeigen sich in allen Sprachen, die ein Kind erwirbt (Chilla et al., 2013; Rothweiler, 2007). (...). Zur differenzialdiagnostischen Abklärung müssen stets der gesamte Spracherwerb eines Kindes in der Erst- und Zweitsprache sowie alle

Bedingungshintergründe in den Blick genommen werden« (ebd., S. 107). Das Fallbeispiel von Samja (▶ Kap. 5.5) zeigt Auffälligkeiten dieses berberisch-marokkanisch sprechenden Mädchens auf allen Ebenen und in beiden Sprachen.

Sprachentwicklungsstörungen bei Mehrsprachigkeit

Zu diesen klassischen, sprachheilpädagogischen Störungsbildern treten inzwischen neue Symptome und Mischformen hinzu, die durch Mehrsprachigkeit bedingt sein können. Das kann die Lautbildung betreffen, man denke z. B. an die Schwierigkeit von Menschen aus Asien, die Laute /r/ und /l/ zu unterscheiden, die Wort- und Satzbildung und vor allen Dingen auch die andersartige gestische und mimische Begleitung des Sprechens. Das Fallbeispiel von Huang (▶ Kap. 5.5) zeigt, wie dieses Mädchen selbst Hilfen zur normgerechten deutschen Artikulation und Erweiterung ihres bildungssprachlichen Wortschatzes sucht.

Stimmstörungen

Symptome bei Kindern sind Heiserkeit, veränderte Sprechstimmlage oder eingeschränkter Stimmumfang. Der Stimmklang und die Leistungsfähigkeit der Stimme sind eingeschränkt. Kinder mit Lippen-Kiefer-Gaumen-Segel-Fehlbildungen haben Schwierigkeiten bei der Bildung nasaler und plosiver Laute. Wie sich das auswirken kann, wird in den Fallbeispielen von Roberto und Marvin (▶ Kap. 5.5) gezeigt (ebd., S. 116).

Störungen im Redefluss und in der Kommunikation

»Stottern ist eine Störung der Sprechflüssigkeit mit unphysiologischen Unterbrechungen im Redefluss, welche mit unterschiedlichen Symptomvarianten gefüllt werden« (ebd., S. 120). Kinder, die hängenbleiben, haben in Stresssituationen oft einen verzerrten Gesichtsausdruck oder Mitbewegungen einzelner Körperteile. Zu Störungen im Redefluss zählt auch das Poltern. Das ist eine überhastete Sprechweise, bei der auch einzelne Worte oder Silben weggelassen werden. Kinder mit Redeflussstörungen sind in besonderem Maße darauf angewiesen, dass auch ihre positiven nonverbalen Leistungen Anerkennung finden und nicht nur die quälenden Mitbewegungen beim Sprechen registriert werden. Im Fallbeispiel von Leon (▶ Kap. 5.5) tritt im 38. Monat das sog. entwicklungsbedingte physiologische Stottern als Durchgangsphänomen auf.

Mutismus und Sprechangst

»Selektiver Mutismus bezeichnet ein über ca. sechs Monate andauerndes Schweigen gegenüber bestimmten Personen oder in spezifischen Situationen bei abgeschlossenem Spracherwerb und mit weitgehend intakten Sprech- und Sprachfähigkeiten. Totaler Mutismus (seltener) besteht generell und unabhängig von Personen und Situationen« (ebd., S. 123). Das wird im Fallbeispiel von Sandra (▶ Kap. 5.5) gezeigt.

Schluckstörungen und andere physiologische neurogene Störungen

Diese können in allen Lebensphasen auftreten, den Mundschluss beeinträchtigen und das Sprechen erschweren. Besonders bei Kindern mit Förderbedarf im Bereich der geistigen Entwicklung ist auf die physiologischen Voraussetzungen von Sprechvorgängen zu achten.

Je tiefgreifender Verzögerungen oder Störungen im Spracherwerb sind, desto ganzheitlicher und interdisziplinärer muss die Diagnose als Voraussetzung für eine gezielte Sprachförderung ansetzen.

5.5 Sieben Fallbeispiele zweisprachiger Kinder mit logopädischer Diagnose und sprach(heil)pädagogischem Förderbedarf

Folgende Beispiele stammen aus der sprachheilpädagogischen Arbeit von Marianne Wiedenmann und zeigen Kinder mit sprachheilpädagogischem Förderbedarf, die auch in ihrer Erstsprache auffällig waren: Huang, die gezielt sprachpädagogische Unterstützung einholte; Sandra, die aus der Kinderpsychiatrie in die Sprachheilschule kam, und Samja, deren marokkanische Mutter Analphabetin war. Aus der Elementarstufe werden vier Jungen portraitiert, Roberto vor der Einschulung, Marvin beim Wechsel vom Kindergarten in die Vorklasse, Ichthab beim Übergang vom Kindergarten in die Sprachheilschule sowie Leon mit der Diagnose »late talker« (spät Sprechender) beim Übergang von der Krippe zum Kindergarten.

> **Huang**
> »Ich kann noch nicht so gut ausländisch«, sagte ein zehnjähriges vietnamesisches Mädchen über ihre Muttersprache, die sie schreiben kann. In einem vierten Schuljahr kam Huang gut mit. Sie sprach fast akzentfrei und hatte gute Noten im Fach Deutsch. Üblicherweise ist das kein Fall für die sprachheilpädagogische Förderung. Huang fragte, ob sie zu mir kommen könne, um die Aussprache zu verbessern und die schwierigen Wörter im Deutschen zu lernen, die ihr Vater auch nicht erklären könne. Jeden Abend übe sie mit ihrem Vater gemeinsam Deutsch, aber inzwischen gäbe es viele Wörter, die auch er nicht kenne. Sie wolle nicht regelmäßig kommen, sondern bei Bedarf, wenn sie genügend schwierige deutsche Wörter gesammelt habe. Schließlich sollten die anderen Kinder nicht meinen, dass sie einen Sprachfehler habe und deswegen regelmäßig zu mir kommen müsste. Im Vergleich der beiden Sprachen meinte sie, auf Vietnamesisch könne sie besser »lieb reden« und auf Deutsch besser laut werden, schreien

und schimpfen. Daheim gäbe es oft Streit zwischen ihrem Vater und der vietnamnesischen Großmutter darüber, wann welche Sprache erlaubt sei. Was leistet diese Schülerin? Wo kann man ihr helfen? Was könnte in der Klasse geschehen? Sie kann recht gut ihre Kommunikationssituation beschreiben und darüber sprechen, wie eng verwoben der Sprachgebrauch mit den divergenten familiären und schulischen Bewertungen ist. Huang sieht sich durch den Blick von Deutschen und übernimmt in ihrer Selbstdarstellung die deutsche, »inländische« Perspektive, indem sie sagt, dass sie nicht so gut ausländisch könne. Selbstdarstellungen (s. Marvin) eignen sich gut, um mit Eltern oder Klassenlehrern ins Gespräch zu kommen über das, was es für dieses Kind an Fördermöglichkeiten geben könnte.

Sandra
Sandra hatte serbisch-kroatische Eltern, die nach dem Balkankrieg geflüchtet waren, und besuchte zum Untersuchungszeitpunkt die Schule für Kranke im 5. Schulbesuchsjahr. Nach der Diagnostik der Klinik für Psychiatrie und Psychotherapie des Kindes- und Jugendalters lag eine tiefgreifende Entwicklungsstörung im Sinne eines frühkindlichen Autismus vor. Nach einer einjährigen teilstationären Behandlung hat sich der Zustand soweit verbessert, dass eine weitere Beschulung an der Sprachheilschule empfohlen wurde. Bei ihrem ersten Besuch kam Sandra zusammen mit ihren Eltern und ihrem dreijährigen Bruder in Begleitung ihrer Bezugsperson von der Klinik. Sandra, sehr groß für ihr Alter, stand fast bewegungslos zwischen ihrer Familie und wirkte sehr verloren. Sandra sprach nichts, antwortete nicht und wich Blickkontakt aus. Aber sie verfolgte zunehmend mit den Augen, wer mit wem sprach. Nach dem Aufnahmegespräch mit den Eltern verabschiedete sie sich wortlos von ihrer Familie, und zusammen mit der Bezugsperson aus der Psychiatrie gingen wir zum Raum einer 5. Klasse. Als wir das Klassenzimmer betraten, wurden gerade verschiedene Vorhaben der Klasse mit 12 Kindern besprochen und auch Arbeiten im Computerraum vorbereitet. Nach einer freundlichen

Begrüßung setzte sich Sandra sehr zögernd ganz hinten neben die Tür zwischen uns Erwachsene. Sie saß sehr aufrecht, fast erstarrt auf einem Stuhl und bewegte sich anfangs kaum. Zunehmend verfolgte sie mit den Augen die Aktivitäten in der Klasse und betrachtete die Schülerarbeiten und Aushänge an der Wand. Ich folgte ihren Blickbewegungen und freute mich, als sich unsere Blicke kreuzten und sie mich scheu anlächelte. Als die Arbeitsblätter verteilt wurden, kam ein Schüler freundlich und neugierig auf sie zu. Sie schaute ihn erstaunt an und las dann leise für sich das Blatt. Als sie von der für sie fremden Lehrerin gefragt wurde, ob sie auch einen Computer habe, antwortete sie: »Ja, daheim.« Das war die erste sprachliche Äußerung, aber davor gab es viele nonverbale Schritte hin zur Sprache, die einfühlsam beobachtet und gewürdigt werden wollten, um Sandras letzten Schritt zum Sprechen zu ermöglichen. Die Lehrerin warb um Kontakt zu dem Mädchen und hatte sie bald in ihr Herz geschlossen. Nach einem Monat erzählte sie, dass Sandra laut einen Text vorgelesen hat – bei einer Pressekonferenz der Schule in einem Museum.

Samja
Das Mädchen war 6 Jahre alt, ihre marokkanische Mutter sprach berberisch, ihr Vater arabisch-marokkanisch: Die Diagnose nach dem Befund einer logopädischen Praxis lautete: »Bei Samja liegt eine multiple Dyslalie vor, die Laute /sch/, /ch/ und /s/ sind betroffen. Außerdem eine schwere Sprachentwicklungsverzögerung mit grenzwertigen Defiziten im Bereich Wortschatz (aktiver Wortschatztest Prozentrang 0), Dysgrammatismus (Plural, Syntax, Artikelbildung). Des Weiteren ist eine auditive Wahrnehmungsstörung zu finden, die Bereiche Aufmerksamkeit, Diskrimination (Minimalpaare, z. B. Kanne-Tanne kann sie nicht unterscheiden) und Merkspanne sind betroffen. Samja kann sich nur schwer über längere Zeit konzentrieren, sie kann sich nicht an Spielregeln halten und hat keinerlei Frustrationstoleranz, was das Arbeiten in der Therapie erschwert. Die Schwerpunkte der Therapie liegen bei dem Wortschatzaufbau, Aufmerksamkeitserhöhung und der

Merkspannensteigerung. Samja wird von mir zweimal wöchentlich therapiert. Nach 20 Logopädiestunden sind kleine Fortschritte zu beobachten. Das Wortfeld Tiere beherrscht sie mittlerweile gut und es gelingt ihr schneller, sich neue Wörter zu merken. Sie spielt gerne Rollenspiele. Aufgrund der Schwere der Störung bekäme Samja Probleme bei der Einschulung in eine Regelschule, so dass ich die Aufnahme in die Sprachheilschule befürworte.«

Diese Einschätzung wurde von mir weitgehend bestätigt, und wegen Auffälligkeiten in der Laut-, Wort- und Satzbildung in der marokkanisch-arabischen und berberischen Familiensprache wurde ein Dolmetscher hinzu gezogen. Als Herr Ch. in der marokkanisch-arabischen Sprache Wörter mit /sch/s/ch/ vorsprach, ersetzt Samja /ch/ durch /h/, /s/ durch /t/ und /sch/ durch einen angestrengt artikulierten Zischlaut mit Bewegung der gesamten Gesichtsmuskulatur. Samja sagte z. B. auf Arabisch statt »samin« »tamin«, statt »schofera« »sefa«, ersetzte also /s/ durch /t/ und /sch/ durch /s/. Der Vater wiederholte das Verfahren auch auf berberisch, wo sich ebenfalls die Lautbildungsprobleme bei Wörtern mit /sch/s/ch/ zeigten. Der Vater meinte zwar, dass nur das Training fehle, es aber kein Sprachfehler sei, aber Herr Ch. betätigte die Abweichungen der normgerechten Aussprache in beiden Familiensprachen. Der Vater meinte auch, dass Samja weniger lernen und mehr spielen wolle, aber einen »guten Kopf« habe. Das Nachsprechen von mehrsilbigen marokkanisch-arabischen und berberischen Wörtern und Sätzen mit 5 Elementen gelang gut. Alle /s/- und /sch/-Lautverbindungen wurden vermutlich nach arabischem Lautbildungsmuster fehlgebildet. Samja kann das /r/, /sch/, /st/ noch nicht bilden. Diese Laute wurden teilweise weggelassen oder durch leichter zu bildende Laute ersetzt, »Tache statt Drachen, Lolle statt Roller, Flos statt Frosch, Wust statt Wurst«. Es fehlten infolgedessen auch die Konsonantenverbindungen: kl, kn, fr, br, tr, gr, dr, rch, rf, rst, ks, ts, kl, schw, schl, schr, schm, str, mpf, tsw. Das n-g in Zange wurde getrennt gesprochen. Bei längeren Wörter gelang die Durchgliederung noch nicht, und sie sagte Metalin statt Schmetterling, T(r=w)ümfe statt Strümpfe.

Roberto
Roberto war sechs Jahre alt, ging in eine integrative Kindertagesstätte wegen seiner Lippen-Kiefer-Gaumen-Spalte und Förderbedarf im Bereich geistige Entwicklung. Roberto wurde dem multiprofessionellen Team eines Beratungs- und Förderzentrums vorgestellt mit der Fragestellung: Wo soll Roberto eingeschult werden, der aufgrund einer Lippen-Kiefer-Gaumen-Spalte kaum verständlich sprechen kann? Er konnte sich körpersprachlich gut mit Blickkontakt und Handlungen verständigen, aber nur Vokale artikulieren, da die physiologischen Voraussetzungen für die Konsonantenbildung ungünstig waren. Der fröhliche Junge nutzte Gesten als Ansätze zu Gebärdensprache. Roberto hat einen spanischen Vater, eine deutsche Mutter und einen größeren Bruder im Gymnasium. Mit viel Empathie versprachlichten sie auf Spanisch und Deutsch Äußerungsabsichten und vermitteln wie Dolmetscher zwischen Roberto und seiner Umwelt. Die Eltern kannten sich schon gut im deutschen Schulsystem aus, waren offen für sonderpädagogische Beratung und wandten sich an verschiedene Förderschulen, die ihn alle ablehnten. Die Sprachheilschule bedauerte, nicht zuständig zu sein, weil der Junge unterdurchschnittlich intelligent sei und dort nicht lernzielgleich nach dem Plan der Grundschule unterrichtet werden könne. Von der Schule für Hörbehinderte wurde er abgelehnt, weil er zwar dort gut die Gebärdensprache lernen könne, aber keinen Hörverlust habe. Nach einer Probewoche an der Schule mit dem Förderschwerpunkt Geistige Entwicklung wurde den Eltern gesagt, dass die nonverbalen kognitiven Fähigkeiten ihres Sohnes vergleichsweise überdurchschnittlich seien und das Kind nicht genügend Anregungen bekäme. Zu guter Letzt nahm eine inklusive Grundschule mit sehr engagierten Regel- und Förderschullehrerinnen den Jungen trotz bürokratischer Hindernisse vorbehaltlos auf. Roberto entwickelte im ersten Schuljahr seine nonverbalen Kommunikationsmöglichkeiten weiter und machte langsame lautsprachliche Fortschritte mit logopädischer Unterstützung. Mit dem Schriftspracherwerb entdeckte das Kind ganz neue Kommunikationsmöglichkeiten und

nutzte sie in der heterogenen Lerngruppe auf sehr kreative Weise. Die Eltern beteiligten sich an den zusätzlichen Förderangeboten und waren dankbar, dass ihr Kind zumindest für die Grundschulzeit einen guten Platz gefunden hatte.

Marvin

Abb. 1: Marvin, 6 Jahre, Selbstdarstellung am Schulanfang

Bei Marvin lag eine tiefgreifende Spracherwerbsstörung in Verbindung mit extremer andauernder Heiserkeit vor mit der logopädischen Diagnose: Sprachentwicklungsverzögerung mit Stimmstörung und Migrationshintergrund mit Auffälligkeiten in der sozioemotionalen Entwicklung. Zuhause wurde neben spanisch und englisch nur wenig deutsch gesprochen, und Marvin musste sich schon um vieles selbst kümmern. Im Kindergarten sprach der Junge wenig und teilweise unverständlich, hatte aber auf dem Hof das

Sagen beim Fußballspielen und scheute keine Konflikte. Deswegen kam Marvin in die Vorklasse. Später saß er mit 8 Jahren immer noch im 1. Schuljahr und die Sprache in »der Welt der Fibelkinder« war ihm fremd. Sein Interesse und Können im Sport motivierte ihn, Begriffe und Redewendungen aus diesem Bereich richtig sprechen, schreiben und lesen zu wollen. Wenn er mit sprachlichen Erklärungen kein Echo fand, dann demonstrierte er etwas mit Hilfe von Gegenständen oder zeigte er es mit großen Gesten oder Bewegungen. Als er gefragt wurde, was er am besten könne, schlug er ein Rad. In diesem Fall war die hohe motorische Bewegungs- und Ausdruckskompetenz ein fruchtbarer Ansatzpunkt, um das Kind zu Sprachübungen zu motivieren und die durch Migrationshintergrund bedingte Spracharmut zu kompensieren (▶ Kap. 8.5).

Ichthab
Der pakistanische Junge wurde im Kindergarten vorgestellt unter der Fragestellung, ob er schon genügend Deutsch könne, um im ersten Schuljahr einer Grundschule in einem sozialen Brennpunkt mitzukommen oder ob er Sprachbehinderungen habe. Ichthab wurde in die Vorklasse der Sprachheilschule aufgenommen und besuchte dort mit Erfolg das dritte Schuljahr, wo er lernzielgleich unterrichtet werden konnte. Bei Zuordnungsaufgaben von Bildern mit einem Hammer und Nagel sagte Ichthab: »Hamme – Nage – musch abeite.« Die Abbildung von Hammer und Nagel verband Ichthab mit dem Konzept des Verbs »arbeiten«. Zu dem Bild von Henne und Ei: »Eine habt ein Ei!« Zum Bild mit dem Korb und Apfel sagte er: »Afel leinmache Kof.« Ichthab geriet in Sprachnot und begleitete seine Aussage mit der Geste, dass etwas herunterfällt. Der Junge verfügte über die Verbzweitstellung in der Folge von Subjekt und Prädikat, aber noch nicht über die Kongruenz zwischen Substantiv und Verb. Zum Bild, auf dem der Junge neben dem kaputten Fahrrad sitzt, sagte er: »Fahad runterdefallt.« Das Bild des Jungen, der vom Baum fällt, kommentierte er so: »Will Afel habe, tot, das is weine.« Beim letzten Bild, auf dem ein Kind ein Geschenk überreicht bekommt, sagte er: »Hatte Schenk komme

Schpilseug.« Ichthab stand zu dem Zeitpunkt erst am Beginn der Aneignung der Syntax der deutschen Sprache. Es wurden einerseits einfach Nomen nebeneinander gestellt und andererseits schon Satzverbindungen angestrebt, die sogar schon mit einer Konjunktion (warum statt weil) ausgedrückt wurden. Es gab auch schon Ansätze zu Perfektbildung (Fahad runterdefallt). Ichthab befand sich im Bereich der Grammatik etwa auf dem Entwicklungsstand von zweieinhalb bis drei Jahren im Erwerb der deutschen Sprache. Ein wichtiger Ansatzpunkt für die weitere Sprachförderung lag im Bereich der Verben. Ichthab hatte nicht nur im Deutschen, sondern auch in Urdu Lautbildungsprobleme, was durch seinen Vater bestätigt wurde. Herr Ch. sagte folgende Wörter vor, die der Junge wie folgt nachsprach: Gursi – Gurschi (Stuhl), Gable – Led (Teller), Ktab – Tab (Buch), Kebai – Bai (Bruder). Ichthab ersetzte /s/ durch /sch/ sowohl in der Erst- als auch in der Zweitsprache: »Ein, dschwei – dasch pascht.« (Eins, zwei – das passt.) Zu Ichthab gibt es eine ausführliche Falldarstellung mit allen sprachheilpädagogischen Befunden bei Wiedenmann (2012, S. 276 ff).

Wenn Kinder auch in ihrer Erstsprache erhebliche Probleme in der Laut-, Wort- und Satzbildung haben, prüfe ich, ob das auch in der Herkunftssprache so ist und ob Logopädie und/oder sprachheilpädagogische Förderung nötig ist. Dazu mache ich Video- oder Tonbandaufnahmen und bitte die Eltern oder ein Geschwisterkind, Zahlenfolgen, Wortreihen (z. B. Wochentage) und kurze Sätze in der Herkunftssprache vorzusprechen und das Kind nachsprechen zu lassen. Manchmal konnten die Eltern oder Dolmetscher gut auf Englisch die Interferenzen zwischen den Sprachen beschreiben.

Leon
Leon ist ein Fallbeispiel für ein bilinguales Kind (deutsche Mutter, französischer Vater) mit verzögerter Sprachentwicklung beim Übergang von der Krippe zum Kindergarten. Leon besuchte eine Krippe und sprach mit zwei Jahren außer »Mama« und »Papa« fast nur Unverständliches, was Erzieherinnen mit der Zweisprachigkeit

erklärten. Aber die Eltern suchten Rat in einem sozialpädiatrischen Beratungszentrum und bekamen die Diagnose »late talker«, also später Sprecher. Auch das Hörvermögen wurde pädaudiologisch überprüft und eine Schallleitungsstörung diagnostiziert. Nach Operation der Rachenmandeln und Einsatz zweier Paukenröhrchens besserte sich das Hörvermögen deutlich. Die Mutter wurde angeleitet, ein vermehrtes Augenmerk auf die Erweiterung des Verbwortschatzes zu legen, ein Sprachtagebuch zu führen, Fortschritte zu notieren und nach einigen Monaten zu einer logopädischen Diagnostik zu kommen. Hier sind Ausschnitte aus dem Sprachtagebuch mit Spontansprachproben und Kommentaren. So wurde zwar die Aufmerksamkeit der Eltern und Erzieherinnen nur auf Fortschritte bei Verben gelenkt und nebenbei sehr viel mehr neu entdeckt, was im Text kursiv steht. Bei den Sprachproben wird die normgerechte Artikulation in Klammern geschrieben. Hier sind Ausschnitte aus dem Sprachtagebuch mit Spontansprachproben und Kommentaren.

Sprachproben im Alter von 2 ½ – 3 ½ Jahre
30 Monate: Finger keiner mehr weh. T(K)äse aufd(g)ed(g)essen. Tütata weg. (K)arotten (k)alt. Babe esse (mit der Gabel essen), Eisenbahn, Fahrwagen, (ka)putt, T(K)rot(k)odil. *Neu: »esse« erstes Verb*

31 Monate: »Dlün (grün) fah(re)n«. Bei grüner Ampel darf das Auto fahren. /gr/ wird durch /dl/ ersetzt und so vereinfacht, ebenso /r/ durch /l/. Fals(ch)e L(R)ichtun(g) – dl(gr)oße L(R)uts(ch)e. Das Kind wollte nicht zur kleinen, sondern zur großen Rutsche, die auf dem Weg zum Spielplatz in einer anderen Richtung war. *Neu: erste Verwendung eines Adjektivs vor einem Nomen, das Kind nutzt Sprache als Ausdruck eigener Willensäußerung im Gegensatz zu Erwachsenen.*

32 Monate: »Nein, is zu wa(r)m« sagte er, als man ihm eine Jacke anziehen wollte, »(k)labt nis: nein, klappt nicht« sagte er, als er in seinen Hochstuhl steigen wollte. *Neu: Negation*

33 Monate: Situation beim Betrachten eines Eisenbahnbuchs: »ang(d)ere Eisenbahn gucken, Tunnel s(ch)wunden« – Lokomotive ist im Tunnel verschwunden. »Sieht s(ch)ön aus, aber papull (kaputt), muss battarieren (reparieren).« »L(r)ote Gogolive sieht lustig aus.« Die große Lokomotive sieht lustig aus. *Neu: Verben im Partizip (ver)schwunden, trennbares Verb: aussehen, Modalverb: müssen, kreative Verbbildung mit Endung –iern: pataliern. Vielen Vogel – erste Pluralmarkierung*

34 Monate: Situation nach einem Aufenthalt bei den französischen Großeltern – Erzählung am Telefon: »ICE TGW Flanleich issa Flankfut. Metro va vite .., Cailloux, (S)teine am Meer.« Der Junge erzählte, dass der Zug von Frankreich nach Frankfurt gefahren ist. Von der Reise berichtete er auf Französisch, dass die Metro schnell fuhr. Ebenso benutzte er ein französisches Wort »cailloux« für Steine und erklärt es parallel auf Deutsch – (S)teine am Meer. *Neu: Wechsel der Sprachen in einer Erzählung – Codeswitching: Wörter und Sätze aus dem Erlebniszusammenhang in Frankreich werden französisch erklärt und ein französisches Wort für den deutschen Zuhörer übersetzt.*

35 Monate: Situation beim Abholen aus dem Kindergarten. Als das Licht ausging, sagte er: »Ich hab Angst!« Als die Taschenlampe angemacht wurde, sagte er: »d(g)anz s(ch)ön dunkel.« »Das Feuerwe(hr)auto muss man battarieren« – eine neue Batterie einsetzen. Er erzählte von einem Unfall im Kindergarten: »Aua d(g)ema(ch)t von de Tür d(g)et(k)lemmt. T(K)inderd(g)a(r)ten – nur die Türe aua d(g)ema(ch)t. Der Jun(g)e aua d(g)emacht mit de Laufrad, guck, wie des aussieht. L(r)ot. (Blut!) Pech d(g)ehabt!« *Neu: Ich, Erster zusammenhängender Erlebnisbericht mit emotionalem Kommentar, Wortneubildung: battarieren, Objektergänzungen von Verben: von der Tür, mit dem Laufrad.*

36 Monate: Beim Abholen vom Kindergarten an seinem 3. Geburtstag sang er: »Wie s(ch)ön, dass du d(g)eboren bist, wir hätten dich sonst seh(r) ve(r)misst. Wie s(ch)ön, dass wir beisammen sind, wiratten (wir gratulieren) di(r) D(G)ebu(rtst)sagst (k)ind.« Wiederholungen im Liedtext gelangen schon fast, bis auf die Durchgliederung von »wir gratulieren«, was noch zu einer Einheit zusammen artikuliert wird als »wiratten«. Er sang das deutsche Lied von den Elefanten: »is de Elefant (s)pazieren d(g)ehn.« Als der französische Vater den Raum betrat, wechselte er sofort mitten im Lied auf Französisch und sang: Frère Jaques. Er schaute aus dem Fenster: »Is aber viele Nacht. Is aber 7 8 9« (Uhr?). Nach einem Ausflug wurde er im Kindergarten gefragt, was er am Vortag gemacht habe. Da sagte er: »Urlaub!« *Neu: dass er sich für Zahlen interessiert und von sich aus Lieder mit fast vollständigen Versen singt und rhythmisch korrekt dazu klatscht. Beim Auftreten des Vaters wechselt das Kind in die »Vater«-Sprache. Er verwendet »aber« und argumentiert zur Durchsetzung seiner Wünsche!*

37 Monate: Auf dem Weg zum Kindergarten erklärte er: »Nis s(ch)ubsen, nis hauen, nis t(k)ratzen!« Beim Abholen im Kindergarten sagte die Erzieherin »Au revoir«, was er ebenso beantwortete. Als die französischen Großeltern zu Besuch waren, sagte das Kind von sich aus zum Abschied »à bientôt!« (bis bald). Es gab folgende französische Sprachproben: »faut frotter les pieds« du musst die Schuhe abstreifen – vor der Tür. »Soif de l'eau et du jus, s'il t'e plait«. Asterix et Ofelix – statt Obelix. Als der Papa hinter dem Laufrad des Sohnes rannte, rief das Kind: »plus vite, trop vite!« (schneller, zu schnell). *Neu: Er formuliert Regeln, was man nicht machen darf und was man machen soll. Er sagt auch das Zauberwörtchen »bitte« auf Französisch.*

38 Monate: »Ich will das (T-shirt) aber alleine ausziehen. Das ist auch eine Bab(d)eb(w)anne (Bidet). Das ist meine B(z)anpasta (Zahnpasta). In mein Zuhause is(t) die Dus(ch)e ganz oben. In mein Zuhaus is(t) blaue Creme, wenn ich aua gemacht habt. Ich habe keine Angst, kein S(ch)aum auf de(m) Kopf.« Dann verstellte er seine Stimme: »Ich bin die Mamakatze, die Babykatze hat Angst von Spritzen, weil weil weil die Angst habt. Miau, die Kinder tschüss sagen muss, die Mamakatze, miau.« Bei der Vorbeifahrt abends an einem Zoo sagte er: »Die Tiere s(ch)lefen jetzt.« *Neu sind seine Relativierungen mit aber, auch und Begründungen mit weil. Mit der Verbform kämpft er noch zwischen infiniten (schlafen, haben) und finiten Formen (schläft, hat, habe) und verwendet beide Merkmale simultan. Neu ist auch das Rollenspiel mit verstellter*

Stimme als Katze. Sprache dient dazu, um Situationen zu vergleichen und Rollen mit Stimmänderung zu unterscheiden. Wortwiederholungen »weil« treten als entwicklungsbedingtes Stottern auf.

39 Monate: Der Junge setzte sich auf dem Spielplatz in die Lokomotive und sagte: »Der Lokführer guckt da raus.« Er sprach über sich in der 3. Person in der Rolle als Lokführer. Abends war die Spiegelung eines beleuchteten Schlösschens im Wasser zu sehen. Da sagte er ganz besorgt: »Das Haus ist nass gegangen. Das Haus is(t) voll Wasser. Kann man nicht sauber machen. Das Haus ist abgekühlt. Das ist ein Problem.« Als er den Briefkasten aufmachte, war nichts drin: »Pech gehabt!« Auf dem Fensterbrett standen an Weihnachten Nikoläuse. Das registrierte er als erstes, als er in die Wohnung kam und sagte: »Die Nikolause sind weg. An Weihnachten kommen sie wieder. Dann freun wir uns.« *Neu: Er nutzt Sprache zunehmend, um Gefühle auszudrücken und auch etwas aus der Gegenwart auf die Zukunft zu beziehen.*

40 Monate: Als ein Saftbecher nur halbvoll eingegossen wurde, sagte er: »Das genügt nicht!«. In der Toilette sagte er: »Die t(k)leine Taste g(d)rücken, weil das Pippi d(g)emacht hat.« Im Bad wischte er die Fliesen ab: »Ich bin die Putzfrau, saubermachen. Das ist meine A(r)beit. Ich kann die Badeb(w)anne abtrocknen.« Von einem naturwissenschaftlichen Museum erzählte er: »Dinosaurier – ganz groß!« Als jemand mehr darüber wissen wollte: »Ich hab's doch s(ch)on erklärt!« Beim Betrachten eines Eisenbahnkalenders erzählte er: »Übel(r) die Brücke fährt der Regionalzug. Ich seh noch vieler (mehr Züge meinte er) Doppeldecker-S-bahn, ICE, Diesellok hat Auspuff. Die Baustelle hat Feierabend.«

Beim Bilderbuchanschauen: »Guck mal, ein böses Tiger. Armer Papa is t(kr)ank. Der Bär klettert auf die Leiter hoch, Der Leinopard hat Punkte, der Tiger hat Streifen. Da fliegt auch ein Hubs(ch)rauber, ein kleiner Papagei, das echte Tier kann natürlich fliegen.« Dann sang er: »Wo die (g)roße(n) Elefanten (s)basieren gehen, klettern ohne sich was zu machen« (Ohne sich zu stoßen heißt es im Lied). Als die Erzieherin eine Schaumgummi-Ziffer 3 aus einem Puzzle deutsch benannte, erklärte Leon: »Mein Papa sagt ›trois‹

dazu.« *Neu: viele Adjektive, Fachwortschatz zu Eisenbahn und Tieren, Rollen und Redewendungen von Erwachsenen: Putzfrau, hat Feierabend, Vergleich der Bilderbuchwelt mit der Realität: das echte Tier und der Gebrauch des Wortes: natürlich; Vergleich von Wörtern in der Familien- und Kindergartensprache.*

Logopädischer Befund
»Das Kind durchläuft nach verzögertem Sprachbeginn aktuell in beiden simultan zu erwerbenden Erstsprachen (Deutsch/Französisch) einen regelrechten Spracherwerb und entdeckt die jeweiligen Regelsysteme beider Sprachen. Dies wirkt sich positiv auf folgende sprachlichen Ebenen aus: Sprachverständnis, Grammatikerwerb, Wortschatzaufbau, Aussprache. Mittlerweile regelrechter Spracherwerb eines ehemaligen Late Talker bei mehrsprachigem Umfeld (Deutsch/Französisch), Verzögerung im Bereich der phonologischen Entwicklung bei Aufholtendenz. Da das Kind eine altersentsprechende Sprachentwicklung zeigt, ist die Aufnahme einer logopädischen Therapie nicht indiziert. Der Sprachentwicklungstests für zweijährige Kinder SETK-2 und des Sprachentwicklungstests für drei- bis fünfjährige Kinder SETK 3-5 ergab durchschnittliche Ergebnisse im Sprachverstehen und der Produktion von Wörtern und Sätzen. Nur im Sprachgedächtnis war das Ergebnis knapp unterdurchschnittlich im Bereich »phonologisches Arbeitsgedächtnis für Nichtwörter«, da das Kind zu früh aufhörte, sinnfreie Silben nachzusprechen.«

Dieses Beispiel zeigt, wie durch eine frühzeitige aufmerksame Beobachtung aller Beteiligten und interkulturell sensible Beratung eine Pathologisierung vermieden werden kann und durch so ein einfaches Verfahren wie ein Sprachtagebuch Kinder, Eltern und auch Fachkräfte gestärkt werden können.

Eine systematische Anleitung für Eltern zwei- bis dreijähriger Kinder, die eine deutlich verzögerte sprachliche Entwicklung aufweisen bietet »Das Heidelberger Elterntraining zur frühen Sprachförderung (Buschmann, 2011) mit folgenden Themen: Ursachen der verzögerten Sprachentwicklung, sprachförderliche

Grundhaltung, Anschauen von Bilderbüchern, Bedeutung des gemeinsamen Spiels, Optimierung des Sprachangebots in Alltagssituationen, Sprachspiele – Fingerverse, Lieder, Reime.

Zusammenfassung der Fallbeispiele

Die sieben Kinder bewältigten die zusätzlichen Entwicklungsrisiken im Kontext ihrer Mehrsprachigkeit. Die Förderung erfolgte an einer Sprachheilschule, an einer Grundschule mit Unterstützung durch ein Beratungs- und Förderzentrum, an einer inklusiv arbeitenden Grundschule mit einem Förderteam, in einer Krippe und in einem Kindergarten. Für Leon war wichtig, dass die neuen Erwerbsschritte mit Neugier von der Familie und den Fachkräften in der Kindertagesstätte begleitet wurden und keine Pathologisierung stattfand. Marvin musste noch viele soziokommunikative Grundregeln erlernen, bevor er sich in eine Gruppe einfügen und sich den Kulturtechniken widmen konnte. Roberto brauchte viel sprachheilpädagogische Förderung in seiner sprechmotorischen und geistigen Entwicklung. Ichthab bekam gezielte Sprachangebote im Kindergarten und durch Logopädie. In der Vorklasse der Sprachheilschule wurde er trotz seiner Sprach- und Lernbehinderung so gefördert, dass er für seine Eltern dolmetschen konnte. Eine ähnliche Rolle bekam auch Samja, die gemeinsam mit ihrer Mutter und Lernhelfern in der Grundschule Deutsch sprechen, lesen und schreiben lernen konnte. Während Huang schon zielstrebig ihre Artikulation und den Wortschatz im Deutschen optimieren konnte, waren für die 12-jährige Sandra Gruppenaktivitäten die Kommunikationsbrücke zu anderen Mädchen und auch zu Jungen. Im Umfeld dieser sieben Kinder zwischen zwei und zwölf Jahren gab es engagierte Menschen, die sie mit Kreativität und Einfühlung zum Sprechen verlockt und zur Sprache gebracht haben.

6

Mehrsprachige Erziehung in Kindertagesstätte und Grundschule

Die wachsende multilinguale Vielfalt in den Bildungseinrichtungen und die sprachliche Super-Diversität in Folge der neueren Migrationsbewegungen stellen ein sprachliches Potenzial dar, für das Rehbein (2012) ein differenziertes Modell mehrsprachiger Erziehung entwickelt hat. Es verbindet die gelebte mehrsprachige Lebenspraxis in Familie und Lebenswelt mit den Dimensionen eines multilingual-dreisprachigen Lernens in den Bildungseinrichtungen von der Krippe bis zur Sekundarstufe, wie es sprachenpolitisch in der Europäischen Union gefordert (KOM 2008) und in internationalen Sprachlernmodellen entwickelt ist (Protassova & Miettinen 1992; Lindholm 1997; Jeon 2003; de Angelis 2007; Garcia 2009).

6.1 Rahmenmodell mehrsprachiger Erziehung

Rehbeins Modell rekurriert auf die von der europäischen Sprachenpolitik geforderte Dreisprachigkeit, bei der neben einer Fremdsprache auch eine Immigrantensprache einbezogen ist, die auch von den monolingualen Kindern als eine der Sprachen erworben werden soll. Grundlegendes Ziel des mehrsprachigen Erziehungsmodells ist die Entwicklung einer Verstehenskompetenz in den Nicht-Muttersprachen, die in den Bildungseinrichtungen des Kindergartens und der Grundschule über spielerische Formen systematisch kultiviert und erworben werden soll:

Stufe/Alter	Institution	Herkunft der Kinder nach Sprachen (»community languages«) je nach Sprachkonstellation			Mehrsprachige Lebenspraxis (Wissen, präsuppositiv)
Gesamtzweck: Das Erziehungsmodell entwickelt das mehrsprachige Potenzial der Kinder in der Sprache A, B und C mit dem Ziel einer gesellschaftlichen Mehrsprachigkeit; die interkulturelle Kommunikation der Kinder untereinander wird hergestellt und durchgehend verstärkt.					
Stufe/Alter	Familie	Sprache A (Deutsch)	Sprache B	Sprache C	Eltern-Kind-Geschwister-Freunde-Kommunikation
3–6	Krippe, Kindergarten	Verstehen in den Sprachen A, B, und C durch Mithandeln und Miteinanderhandeln; Texthabitualisierung durch Vorlesen in den Sprachen A, B und C			mehrsprachiges Kommunizieren durch Spielen mit Altersgenossen (Kind-Kind-Lernen); zeitliche Organisation für A, B und C; Verstehen der Sprachen A, B, und C
		Resultate: A, B und C als Kommunikationssprachen der Kinder; unterschiedliche Fähigkeiten in den Sprachen A, B und C, bezogen auf unterschiedliche Konstellationen			interkulturelle Kommunikation in A, B, und C (über die Sprachgruppen)

Abb. 2: Ein Modell mehrsprachiger Erziehung auf der Basis innerschulischer und außerschulischer Aktivitäten (blau unterlegte rechte Spalte) mehrsprachiger Kommunikation als Lehrform (Rehbein, 2012, S. 81)

6.1 Rahmenmodell mehrsprachiger Erziehung

	Stufen	Sprachunterricht	Sachunterricht	Musische Fächer	Religion	
Grundschule (6–10)	1.–2. Klasse	Alphabetisierung in A, B und C		A, B und C als Arbeitssprachen	Kultur, Denken usw. in A, B und C	*mehrsprachige Kommunikation mit Altersgenossen; kreative Mehrsprachigkeit und Codeswitching in Gruppen; mehrsprachig konstituierte Spielplätze; Freundschaften über viele Sprachen einer Gesellschaft hinweg; interkulturelle Kommunikation in anderen Institutionen der Gesellschaft*
	3.–4. Klasse	(rezeptive und produktive) Textfähigkeiten in A, B und C; Arbeitssprachen A, B und C in den Fächern; Sprachreflexion; mehrsprachig konstituierte Handlungsräume für kollektives Probehandeln (aufgabenorientierte Gruppenarbeit)				*Codeswitching zwischen A, B und C*
	Resultat Grundschule: Fähigkeit, den Sprachen A, B und C als Unterrichtssprache zu folgen					

Abb. 2: Ein Modell mehrsprachiger Erziehung auf der Basis innerschulischer und außerschulischer Aktivitäten (blau unterlegte rechte Spalte) mehrsprachiger Kommunikation als Lehrform (Rehbein, 2012, S. 81) – Fortsetzung

		Unterrichtssprache A, B, C	+ Fremdsprachen	
Sekundarstufe	5–6		diverse Unterrichtsfächer in A, B und C	*mehrsprachige Jugendkultur und sprachübergreifende Internetkommunikation; allgemein: Medien einsetzen für mehrsprachige Entwicklung*
		Sprachen- und Fächerwahl nach den individuellen Präferenzen der Schüler/innen; Ausbau produktiver Textfähigkeiten; Entwicklung vorfachlicher Sprachfähigkeiten; Sprachen A, B und C als Unterrichtssprache in verschiedenen Fächern und weitere Fremdsprachen; Übersetzen, Dolmetschen			
	7–8 9–10	Unterrichtssprachen A, B und C mit fachsprachlichen Anteilen in den diversen Unterrichtsfächern, z. T. berufsvorbereitend sowie Fremdsprachen; internationaler Schüleraustausch.		*komplexe sprachliche Handlungsfähigkeiten in den sprachen A, B und C*

Gesamtzweck: Das Multilinguale Schulmodell entwickelt das mehrsprachige Potentzial (tendenziell) aller Schüler/innen in den Sprachen A, B und C mit Blick auf eine Einbettung in mehrsprachige, z.T. arbeitsteilige gesellschaftliche Praxis und Entfaltung »diskursiver Interkultur«; Einbettung in globale Mehrsprachigkeit.

Abb. 2: Ein Modell mehrsprachiger Erziehung auf der Basis innerschulischer und außerschulischer Aktivitäten (blau unterlegte rechte Spalte) mehrsprachiger Kommunikation als Lehrform (Rehbein, 2012, S. 81) – Fortsetzung

Als Beispiel für eine gelebte mehrsprachige Praxis in der Kindertagesstätte wird auf das bilinguale Kindergarten-Modell »Kalinka« für Russisch und Finnisch monolinguale Kinder verwiesen, die durch das Miteinanderspielen in zwei Sprachen ihre Kompetenzen in der jeweilig anderen Sprache ausbauen (Protassova & Miettinen, 1992). Für den schulischen Bereich können das Schweizer Modell (Brohy, 2005) und das indische Modell (Sasalatti, 2005) einer dreisprachigen Erziehung angeführt werden, die sich sowohl an multilinguale als auch an monolinguale Schülerinnen und Schüler richten. Neben dem Fremdsprachenunterricht soll eine Immigrantensprache als eine der Sprachen für alle Schülerinnen und Schüler Unterrichtssprache nach dem Immersionskonzept sein und als Sprache des Lehrens und Lernens zum Tragen kommen. Dabei kann auf die breiten Erfahrungen der internationalen Two-Way-Education Programme zurückgegriffen werden (Lindholm, 1997; Jeon, 2003), wie sie auch in den Modellprojekten zur mehrsprachigen Schulentwicklung in Deutschland erprobt sind (▶ Kap. 5.4).

Im Folgenden werden auf der Grundlage des dargestellten Forschungsstandes und des Rahmenmodells Ansätze mehrsprachiger Erziehung in Kindertagesstätte und Grundschule vorgestellt, die eine pragmatische Entwicklungsarbeit in einem Bereich anstoßen und unterstützen können, was in der pädagogischen Praxis durchgängig noch zu wenig Beachtung findet.

6.2 Bilinguale Kindergärten und mehrsprachige Schul- und Unterrichtsentwicklung

Modelle bilingualer Kindergärten und bilingualer Schulen, die den Erwerb von Fremdsprachen verfolgen, stellen Varianten eines mehrsprachigen Lernens dar, die unter der Zielperspektive der europäischen Sprachenpolitik dem Modell einer frühen Zwei- bzw. Dreisprachigkeit entsprechen, aber vergleichsweise nur wenigen Kindern aus bildungsorientierten Elternhäusern als Option zur Verfügung stehen. In solchen Einrichtungen wird in der Regel immersiv nach dem Ansatz »One person – one language« unterrichtet. In städtischen Ballungszentren sind bilinguale Kindergärten ein expandierendes frühpädagogisches Feld mehrsprachiger Erziehung. Exemplarisch soll dies am Beispiel der Stadt Frankfurt veranschaulicht werden, in der es eine Vielzahl bilingualer Kindertagesstätten gibt, die neben den traditionell bilingual englischen, französischen, italienischen, spanischen und portugiesischen auch bilingual japanische, bilingual russische, polnische und arabische Kindertagesstätten umfassen. Einen Überblick zu Zielsetzungen und Verbreitung bilingualer Kindertagesstätte bietet der Dachverband zur Förderung von Mehrsprachigkeit in frühkindlicher Bildung und Erziehung (DMBE e. V.). Im Elementarbereich sind mehrsprachige Erziehungsmodelle stärker verbreitet als im Grundschulbereich, der in diesem Feld noch einen deutlichen Entwicklungsbedarf hat.

Wissenschaftlich belastbare Befunde liegen im deutschsprachigen Raum nur für immersiv Englisch unterrichtete Kindergarten- und Grundschulkinder in den Kieler Modellversuchen vor, die deutliche Vorteile immersiver Sprachlernkonzepte gegenüber dem traditionell lehrgangsorientierten Englischunterricht belegen konnten (Wode, 2004). Alle am Modellversuch beteiligten Kinder erreichten am Ende des 4. Schuljahres in Englisch ein Leistungsniveau, das in der Sekundarstufe keinen herkömmlichen Lehrgangsunterricht mehr zuließ. Auch wiesen die über Sprachtests gemessenen Leistungen in der deutschen Sprache bei den Immersionskindern ein überdurchschnittliches Niveau auf, sodass ein vielfacher Mehrwert früher Mehrsprachigkeit unter Beweis gestellt werden konnte (Wode, Devich-Henningsen, Fischer, Franzen & Pasternak, 2002). Nach der Analyse von Wode (2004) lässt sich das Ziel der europäischen Sprachpolitik, das auf die Beherrschung von drei Sprachen im Europa der Zukunft ausgerichtet ist, nur erreichen, wenn neben der Erst- und Zweitsprache die Fremdsprache möglichst früh immersiv erworben wird. Einschränkend ist bei diesem frühen Modell immersiver Kindertagesstätten hinzuweisen, dass eine Fremdsprache vermittelt wird, die in der Lebenswelt

6.2 Bilinguale Kindergärten und mehrsprachige Schul- und Unterrichtsentwicklung

der Kinder nicht gesprochen wird. In bilingualen Kindertagessstätten, in denen die Herkunftssprachen der Kinder in einem zweisprachigen Erwerbskontext berücksichtigt werden, wird die lebensweltliche Mehrsprachigkeit konstruktiv aufgegriffen und zum Gegenstand mehrsprachigen Lernens in der Bildungseinrichtung gemacht.

Dieser Bezug zur lebensweltlichen Mehrsprachigkeit wurde im Grundschulbereich im Hamburger Schulversuch Bilinguale Grundschule verwirklicht, in dem die Herkunftssprachen in den Sprachpaaren Italienisch-Deutsch, Portugiesisch-Deutsch, Spanisch-Deutsch und Türkisch-Deutsch in gemischtsprachigen Klassen angeboten wurden, die sich je zur Hälfte aus Kindern mit der jeweiligen Familiensprache und monolingual deutschsprachigen Kindern zusammensetzte (Gogolin, Neumann & Roth, 2007). Der Unterricht wurde in Kooperation von deutschsprachigen und herkunftssprachlichen Lehrkräfte durchgeführt und umfasste neben einer zweisprachig-koordinierten Alphabetisierung auch immersiv erteilten Sachunterricht in der nicht-deutschen Partnersprache. Die wissenschaftliche Evaluation des Schulversuchs, der sich über die vier Jahre der Grundschulzeit erstreckte, zeigte, dass die mehrsprachigen Kinder ihre Sprachkompetenz in beiden Sprachen erfolgreich ausbauen konnten und nach den Ergebnissen einer IGLU-Erhebung in der Lesekompetenz im Bundesdurchschnitt liegen. Die monolingual deutschen Kinder erwarben in der Partnersprache solide Basiskompetenzen (Dirim, 2009). Gleichwohl wird durch die wissenschaftliche Begleitung kritisch angemerkt, dass die nicht deutschen Herkunftssprachen im bilingual-kommunikativen Alltag wenig genutzt wurden. Dies wird mit der dominanten Rolle des Deutschen im Unterricht und Schulleben erklärt, die als Lingua franca schulischen Lernens fungiert. Daher sei es im Sinne eines bilingualen Modells von zentraler Bedeutung, die Partnersprachen als Arbeitssprachen in den Fächern stärker zu nutzen und dadurch gezielte Gesprächsanlässe zu schaffen.

Wie dies gelingt und welche Effekte der Einbezug von Herkunftssprachen für das fachliche und sprachliche Lernen von Kinder nicht deutscher Sprache hat, wurde erstmals von Dirim (1998) am Beispiel eines bilingual ausgerichteten Sachunterrichts untersucht, in dem die türkischsprachigen Schülerinnen und Schüler explizit aufgefordert wurden, während des Unterrichts unter sich Türkisch zu sprechen und das Türkische als Arbeitssprache zu benutzen. Dabei wird die Fähigkeit des Codeswitchings, wie sie in der mehrsprachigen Lebenspraxis täglich erprobt wird, genutzt, um fachliche Probleme in der Herkunftssprache zu durchdenken und anschließend in die Schul- und Unterrichtssprache zu transferieren. Damit erhalten die multilingualen Kinder die Möglichkeit, ihr mehrsprachiges Potenzial und gelebte mehrsprachige Praxis im Raum der Schule konstruktiv zu nutzen und lernförderlich anzuwenden. In der Studie Dirims wird gezeigt, dass die türkischsprachigen Schülerinnen und Schüler ihre Herkunftssprache einsetzten, um die fachlichen Aufgaben zu lösen, und im Kommunikationskontext des Unterrichts adressatenorientiert von der türkischen in die deutsche Sprache wechselten, wenn die unterrichtliche Situation dies erforderte. Die Analyse stellt unter Beweis, dass auch der Regelunterricht als bilingualer Unterricht organisiert sein kann, ohne – wie Dirim schlussfolgert – »dass dabei die besondere Stellung des Deutschen als gemeinsames Kommunikationsmittel gefährdet ist« (ebd., S. 98). Damit eröffnen sich für die herkunftssprachlichen Schülerinnen und Schüler die Möglichkeit, ihr gesamtes Sprachrepertoire für das schulische Lernen zu nutzen und gewinnbringend einzubringen.

Die Nutzung der Herkunftssprache als multilinguale Denk- und Arbeitssprache in den fachlichen Kontexten schulischen Lernens hat auch Rehbein (2011) nachfolgend für das kooperative Aufgabenlösen im mathematisch-naturwissenschaftlichen Unterricht erprobt und unter Beweis gestellt. Das potentiell vorantreibende Element mehrsprachigen Kommunizierens und Handels beurteilt Rehbein (2010, S. 82) wie folgt: »Die Kinder transferieren ihre eigenen Erfahrungen mit Mehrsprachigkeit in die Schule, bevor sie das Gelernte, eben neue Aspekte der Mehrsprachigkeit, etwa Lesen und Schreiben sowie Texthabitualisierung in mehreren Sprachen, in ihre außerschulische Wirklichkeit re-transferieren – sofern Kindergarten und Schule davon Gebrauch machen und auf diese Weise einen Verstärkereffekt der Mehrsprachigkeit erzeugen.«

Ein jüngeres Modell einer mehrsprachigen Schule wird im Forschungsprojekt »Mehrsprachigkeit als Handlungsfeld interkultureller

Schulentwicklung« erprobt, das im Rahmen der Initiative »Sprachliche Bildung und Mehrsprachigkeit« des Bundesministeriums für Bildung und Forschung zwischen 2013 und 2016 durchgeführt wurde. Das von Fürstenau (2016 a) geleitete Modellprojekt zielt in seiner didaktischen Perspektive auf den Ansatz der Language Awareness und einer Mehrsprachigkeitsdidaktik, die das Potenzial von lebensweltlicher Mehrsprachigkeit im Regelunterricht der Grundschule erschließen. Das Forschungsprojekt, das in seinen Befunden noch in der Auswertung ist, stützt sich in seinen didaktischen Schwerpunkten auf die Ansätze von Schader (2004), die an die Bedingungen der Projektschulen angepasst wurden. Erste Einblicke in das Projekt zeigen, welchen Erkenntnisgewinn Sprachenporträts, die von Krumm und Jenkis (2001) entwickelt sind, für das Bewusstmachen der Sprache(n)vielfalt bei Kinder und Lehrkräften haben (Fürstenau 2016 b). Sie stellen ein in vielen Situationen sehr bewährtes Format dar, um einen ersten Zugang zur Sprache(n)vielfalt im mehrsprachigen Klassenzimmer zu gewinnen. Ein weiterer didaktischer Schwerpunkt in der Entwicklung einer Mehrsprachigkeitsdidaktik an den Projektschulen stellen Unterrichtsbeispiele zu systematischen Sprach- und Textvergleichen dar (Lange 2016), die bereits ab der ersten Klasse vergleichende Sprachreflexionen eröffnen und von jeder auch einsprachigen Lehrkraft bei der Alphabetisierung in einem sprach(en)bewussten Anfangsunterricht eingesetzt werden können (Huxel 2016).

Praktische Ansätze für die Gestaltung mehrsprachiger Erziehung und Bildung

Das Wissen um die Effekte mehrsprachiger Spracherwerbsprozesse und einer auf Anerkennung und Wertschätzung von Mehrsprachigkeit ausgerichteten Erziehung und Bildung ist bei pädagogischen Fachkräften des Elementarbereichs wie der Grundschule wenig ausgeprägt und eher durch Nicht-Wissen und Vor-Urteilen gegenüber mehrsprachigem Lernen gekennzeichnet. Dieser professionellen Leerstelle soll begegnet werden, indem wissenschaftlich abgesicherte Möglichkeitsräume für Praktikerinnen und Praktiker eröffnet werden, die linguistisch-sprachwissenschaftlich wie sprach- und literaturdidaktisch begründet sind und praktikable Handlungsoptionen im Feld mehrsprachiger Erziehung und Bildung eröffnen. Bilinguale Kitas und Grundschulen, die eine integrierte zweisprachige Erziehung und Bildung praktizieren, stellen institutionelle Modelle dar, die für den Regelbereich Vorbildcharakter haben, aber für diese auch mittel- und langfristig keine Option darstellen. Insofern favorisieren wir im Folgenden solche Modelle und Ansätze einer mehrsprachigen Bildung und Erziehung, die in Regeleinrichtungen umgesetzt werden können, um eine auf Mehrsprachigkeit ausgerichtet Bildung und Erziehung zu gewährleisten, wie sie von der EU-Kommission gefordert wird. Mehrsprachigkeit als Ressource und Bildungsziel zu verstehen, wird in der europäischen Sprachenpolitik als explizite Zielvorstellung proklamiert. Dabei wird davon ausgegangen, dass jeder Bürger, jede Bürgerin der EU zukünftig drei Sprachen erwirbt, wobei neben den jeweiligen Landessprachen und einer weiteren Fremdsprache auch die Herkunftssprachen einbezogen werden sollen (KOM 2008).

Im Eingangsbereich der Grundschule ist dies bereits eine gelebte sprachliche Realität, wenn man berücksichtigt, dass Kinder anderer Herkunftssprachen neben Deutsch als Zweitsprache auch Englisch als erste Fremdsprache in ihre mehrsprachige Biographie integrieren (müssen), ohne dass die divergierenden sprachlichen Anforderungen, die damit verbunden sind, reflektiert und konstruktiv im Sprachenunterricht aufgegriffen werden. Auf die Komplexität der Anforderungen einer in der Praxis nicht koordinierten Dreisprachigkeit kann hier nur verwiesen werden; dies zu berücksichtigen und eine integrierte Sprachendidaktik zu entwickeln (Hufeisen & Lutjeharms, 2005) ist ein Anspruch an die sprachwissenschaftlich-didaktische Forschung, die sich im deutschsprachigen Raum noch in den Anfängen befindet und zu der noch keine belastbaren wissenschaftlichen Erkenntnisse vorliegen. Insofern konzentrieren wir uns hier auf ein mehrsprachiges Lernen, das auf die Integration der Herkunftssprachen und die Entwicklung der Zweitsprache Deutsch ausgerichtet ist.

Language Awareness als Ansatzpunkt mehrsprachigen Lernens

Um für mehrsprachiges Sprachenlernen in der Kindertagesstätte und der Grundschule das Feld zu öffnen, werden solche Ansätze einer sprachbewussten Erziehung und Bildung bevorzugt, die keine zwei- oder mehrsprachig qualifizierten Fachkräfte voraussetzen. Dem Ansatz der »Language Awareness« wird hier eine besondere Bedeutung beigemessen, da er keine ausgewiesene Sprachkompetenz in mehr als einer Sprache voraussetzt. Language Awareness-Konzeptionen wurden ab den 1970er Jahren in Großbritannien entwickelt, um die lebensweltliche Mehrsprachigkeit, die zugewanderte Kinder in pädagogische Einrichtungen mitbringen, konstruktiv aufzugreifen und für das Sprache(n)lernen aller Kinder produktiv zu nutzen. Ziel der Begegnung mit Sprachen ist es, das Bewusstsein und das Interesse für die eigene(n) Sprachen sowie für andere Sprachen zu wecken, die Motivation für das Sprache(n)lernen zu fördern sowie sprachliche Lernstrategien zu schulen und auf diese Weise metasprachliche und metakognitive Fähigkeiten aufzubauen. Nach Luchtenberg (2001, S. 89) sind neben der Neugierde und Interesse an Sprache(n) auch die aktive Akzeptanz sprachlicher und innersprachlicher Vielfalt und das Erkennen von Sprachmanipulationen und -mißbrauch damit verbunden.

Ein umfassendes Kompendium an didaktisch kreativen Vorschlägen, wie das Konzept der Language Awareness und der Förderung lebensweltlicher Mehrsprachigkeit auch von pädagogischen Fachkräften umgesetzt werden kann, die über keine mehrsprachige Kompetenz verfügen, hat Schader (2004) vorgelegt. Es umfasst 101 konkrete Unterrichtsvorschläge für alle Bildungsstufen von der Kindertagesstätte bis in die Sekundarstufe, die in die folgenden sprachlichen und kulturellen Bildungsbereiche aufgeschlüsselt sind:

- Sprachliche und kulturelle Vielfalt bewusst machen und erleben
- Spiele mit Sprachen
- Über das Lernen von und Probleme mit Sprache nachdenken
- Die Sprachen der anderen kennen lernen
- Schwerpunkt Schreiben

- Schwerpunkt Lesen und Medien
- Schwerpunkt Sprachbetrachtung und Grammatik
- Verschiedene Kulturen kennen lernen
- Interkulturelle Aspekte in fächerübergreifenden Themen und in verschiedenen Unterrichtsbeispielen.

Minimale Standards mehrsprachigen Erziehung in Kindertagesstätte und Schule

Als minimale Standards, auf die sich jede Kindertagesstätte und jede Schule verständigen kann und die sie praktizieren sollte, um die sprachliche Vielfalt anzuerkennen und wert zu schätzen, sind zu nennen:

Mehrsprachige Raumgestaltung

- Mehrsprachige Begrüßungsschilder im Eingangsbereich der Einrichtung
- Mehrsprachige Beschriftungen im Gruppenraum und Klassenzimmer
- Mehrsprachige Leseecke

Mehrsprachige Alltags- und Unterrichtskommunikation

- Begrüßen und Verabschieden in den Herkunftssprachen
- Interkultureller Erzählkisten
- Mehrsprachige Namensspiele
- Mehrsprachige Selbstporträts und Steckbriefe
- Sprachenportfolio: Meine Sprachen
- Sprachen der Welt erkunden
- Sprachcollagen
- Sprachenatlas
- Sprachtabellen der Herkunftssprachen
- Nutzung der Herkunftssprachen als Arbeitssprache in allen Fächern

6.2 Bilinguale Kindergärten und mehrsprachige Schul- und Unterrichtsentwicklung

Mehrsprachige Sprachspiele und Kinderlieder

- Fingerspiele, Abzählverse und Zungenbrecher in allen Sprachen (Hering, 2009)
- Internationale Kinderreime und Verse (Hüsler, 2009)
- Singen in vielen Sprachen (Okay, 2004; Hering, 2009; Frieg et al., 2014)

Mehrsprachige Kinderbücher und Materialien

- Vorlesen mehrsprachiger Bilderbücher
- Leseprojekte zu mehrsprachigen Kinderbüchern
- Bilderwörterbücher
- Bi- und multilinguale Wörterbücher

Mehrsprachiges Vorlesen und mehrsprachige Projekte

- Mehrsprachige Bilderbücher als Bilderbuchkino
- ABC-Fest – mehrsprachig und in Herkunftssprachen
- Herkunftssprachliches Vorlesen durch Eltern
- Herkunftssprachliche Bilderbücher von Eltern übersetzen lassen
- Internationales Vorlesen – einen Text in vielen Sprachen vortragen
- Internationales Vorlesen – Lesetag der Sprachen vor Publikum
- Theater in verschiedenen Sprachen
- Internationale Projektwochen

> Eine Fundgrube an Praxisvorschlägen bietet neben Schaders 101 Ideen zu einer mehrsprachigen Erziehung (Schader 2004) die Broschüre »Mehrsprachigkeit in Kindertagesstätten und Schulen« des Amts für Multikulturelle Angelegenheiten der Stadt Frankfurt am Main aus 2016, in der viele der oben aufgeführten Beispiele näher vorgestellt werden« (Bestelladresse: publikation.amka@stadt-frankfurt.de).

7

Sprachbildung und sprachliche Förderung in Krippe, Tagespflege und Kindertagesstätte

Sprachliche Entwicklungsverläufe und die Kommunikation junger Kinder zu fördern stellt bereits in der Krippe und der Tagespflege eine Aufgabe dar, die in einer noch sehr frühen Phase des Spracherwerbs auf die Entwicklung grundlegender sprachlicher Fähigkeiten in Pragmatik, Lexik, Grammatik, Phonologie, Phonetik und Prosodie ausgerichtet ist. Die sprachliche Bildung steht auch in der Kindertagesstätte an hervorgehobener Stelle und wird konzeptionell als eine in den Alltag integrierte Sprachbildung umgesetzt, die Kinder auch in unterschiedlichen Bildungsbereichen sprachlich stärken will. Dabei wird Sprachlernen als ein ganzheitlicher Prozess verstanden, das in allen Bildungs- und Entwicklungsbereichen systematisch gefördert werden soll.

7.1 Sprache unterstützen von Anfang an

In der Kinderkrippe und Tagespflege stehen die Kinder noch am Anfang ihres Spracherwerbs. In dieser sehr frühen Phase der Sprachentwicklung spielen Formen der nicht-sprachlichen Kommunikation und Kontaktaufnahme mit den Gleichaltrigen in der Gruppe noch eine bedeutende Rolle. In den sozialen Gruppierungsformen der Krippe und der Tagespflege orientieren sich die Kinder an den gleichaltrigen Peers, die als Interaktionspartner in der Einrichtung ein zentrales Feld für die Gestaltung von Spielhandlungen und sozial-kommunikativen Austauschprozessen darstellen. Um befriedigende Spielaktivitäten aufnehmen zu können, sind Kinder darauf angewiesen, mit den Peers in Kontakt zu treten, miteinander ihre Aufmerksamkeit zu teilen und ihre Bedürfnisse und Spielmotive zu äußern. Das kann je nach sprachlichem Entwicklungsstand noch eher non-verbal gestisch-mimisch oder bereits verstärkt verbal ausgerichtet erfolgen. Die pädagogische Fachkraft ist Dialogpartnerin, Initiatorin und Moderatorin der Kommunikation sowie durchgängig sprachliches Vorbild. Da die Mehrzahl der Kinder ab dem 2. Lebensjahr in frühpädagogischen Einrichtungen betreut wird, sind die Sprechstile der stützenden und lehrenden Sprache von besonderer Bedeutung. Die stützende Sprache bietet dem Kind durch ein häufiges Benennen der Dinge sprachliche Formate zum gezielten Einstieg in den Wortschatz; dabei werden auch Beziehungen zwischen den Wörtern hergestellt und über ritualisierte Sprachspiele der Wortschatz produktiv erweitert. Durch eine bewusste sprachliche Aufmerksamkeitslenkung und häufig wiederkehrende sprachliche Interaktionsmuster wird ein sprachliches Gerüst bereitgestellt, das den Spracherwerb gezielt unterstützt (Ruberg, Rothweiler & Koch-Jensen, 2013). Die stützende Sprache erreicht ihren Höhepunkt mit der Entdeckung des Kindes, dass alles einen Namen hat. Die lehrende Sprache erhält ab dem 3. Lebensjahr zunehmend an Bedeutung und ist gekennzeichnet durch zunehmend längere und komplexere Äußerungen des Erwachsenen und sprachanregende, offene Fragen. Diese werden nachfolgend näher erläutert.

7.2 Modellierungstechniken und Sprachlehrstrategien

Modellierungstechniken und Sprachlehrstrategien können ab dem 3. Lebensjahr verstärkt eingesetzt werden, um die sprachliche Entwicklung zu stützen und zu stärken (Dannenbauer, 1984). Die Sprachlehrstrategien und Modellierungstechniken können der kindlichen Äußerung vorangehen oder folgen und werden nachfolgend an Beispielen erläutert:

Vorangehende Sprachlehrstrategien

Präsentation

> **Beispiel: Gehäufte Präsentation der Zielform Perfekt/Partizip**
> *Erz.:* »*Hast* du *gesehen*? Ich *habe* eine Kugel *genommen*. *Hast* du auch eine *gefunden*? Ich *habe* sie im Sand *gesehen*. *Hast* du auch ...«

Parallelsprechen zur Versprachlichen kindlicher Absichten

> **Beispiel**
> *Erz.:* »*Du möchtest ein großes Auto? Ah, ein grünes? Und dieser gelbe Bagger? ...*«

Linguistische Markierung

> **Beispiel: Hinweis auf grammatische Merkmale/Genussystem/Maskulinum**
> *Ein* komische*r* Löffel. *Er* ist groß. Hast du auch so ein*en*? Siehst du *den* klein*en* Löffel? Gib *ihn* mir.

Offene Fragen

> **Beispiele**
> Erz.: »*Was passiert denn hier auf dem Bild?*«
> Erz.: »*Warum springt der Ball?*«

Nachfolgende Sprachlehrstrategien

Korrektives Feedback

Durch korrigierte Wiederholung wird dem Kind ein verbessertes Modell geboten; die Korrektur erfolgt, ohne auf Fehler hinzuweisen.

> **Beispiele**
> Kind: »*Der Junge holt der Ball.*«
> Erz.: »*Stimmt. Der Junge holt den Ball.*«
> Kind: »*Das ist eine Tatze.*«
> Erz.: »*Ja. Das ist eine Katze.*«

Expansion

Kindlicher Aussage werden weitere Elemente hinzugefügt.

> **Beispiele**
> Kind: »*Da Hund.*«
> Erz.: »*Stimmt. Da ist ein kleiner Hund.*«
> Kind: »*Auto fährt da.*«
> Erz.: »*Ja, das rote Auto fährt da.*«

Transformation

Kindliche Aussage bleibt inhaltlich unverändert, Aussage wird mit einer anderen Satzstruktur wiederholt.

> **Beispiel: Subjekt-Verb-Inversion**
> Kind: »*Wir nehmen Pferde.*«
> Erz.: »*Gut, dann nehmen wir Pferde. Nehmen wir auch …?*«
> Kind: »*Das ist ein Hund.*«
> Erz.: »*Hm. Ein Hund ist das.*«

Extension

Inhaltliche und thematische Fortführung einer kindlichen Äußerung.

> **Beispiel**
> Kind: »*Hundi belle.*«
> Erz.: »*Ja, der hat Angst.*«

Alle Sprachlehrstrategien und Modellierungstechniken haben die Funktion, die Sprache anzuregen, den Wortschatz zu erweitern und den Grammatikerwerb zu unterstützen. Sie können bis in die Grundschulzeit hinein den Spracherwerb in allen Sprachhandlungssituationen fördern, wenn die pädagogischen Fachkräfte sie in ihrer sprachlichen Kommunikation bewusst einsetzen und gezielt nutzen.

7.3 Alltagsintegrierte Sprachbildung und sprachliche Förderung in den Bildungsbereichen

Sprachförderung als Querschnittsaufgabe im Kita-Alltag stellt einen anerkannten Grundsatz in der Elementarpädagogik dar, die hier am Konzept des Deutschen Jugendinstituts für die Kinder unter drei Jahren »Die Sprache der Jüngsten entdecken und begleiten. Sprachliche Bildung und Förderung für Kinder unter Drei« (Jampert et al., 2011) sowie für die Kinder ab drei Jahren »Kinder-Sprache stärken! Sprachliche Förderung in der Kita« (Jampert et al., 2009) exemplarisch dargestellt werden soll. Aus der Fülle unterschiedlicher Sprachförderkonzepte (siehe dazu Knapp, Kucharz & Gasteiger-Klipcera, 2010, S. 113 ff.) sticht dieses Konzept insofern hervor, als es Sprache und Kommunikation im Alltag der Kindertagesstätte anregen und unterstützen will. Sprachlernen soll nicht in isolierten Trainingseinheiten, sondern alltagsintegriert wahrgenommen und bildungsrelevant auch in den fachlichen Bereichen Natur, Musik, Bewegung und Medien vermittelt werden. Das Konzept und die Materialien zur Sprachförderung in den einzelnen Bildungsbereichen sind sprachlich-linguistisch als auch entwicklungspsychologisch und didaktisch-methodisch ausgewiesen und bieten ein fundiertes Wissen zu Grundlagen des Spracherwerbs sowie Orientierungshilfen zur Beobachtung und Dokumentation von Kindersprache. Alle didaktischen Bausteine sind praktisch erprobt und methodisch ausgesprochen kreativ wie vielseitig. Hervorzuheben ist, dass auch die Besonderheiten bei mehrsprachigen Kindern berücksichtigt und in die Konzeption einbezogen sind. Insofern wird das Konzept den Ansprüchen einer mehrsprachig ausgerichteten sprachlichen Bildung und Förderung gerecht und setzt Maßstäbe für ein sprachliches Lernen, das auch im Primarbereich von Bedeutung ist. In seiner expliziten Ausrichtung an fachlichen Domänen ist das Konzept anschlussfähig an die Diskussion um die Bildungssprache und den sprachsensiblen Fachunterricht, die für den schulischen Kompetenzerwerb relevant sind und im nachfolgenden Kapitel ausführlicher erörtert werden.

8

Bildungssprachlicher Kompetenzerwerb und fachbezogene Sprachförderung in der Grundschule

Im Übergang zum schulischen Kontext vollziehen sich Lernprozesse in allen Fächern im Medium der Sprache und setzen sprachliche Kompetenzen in immer komplexer werdenden Strukturen und neuen Schreib- und Sprechanlässen voraus, die in Anlehnung an den angelsächsischen Diskurs (Cummins, 2008) als Bildungssprache bezeichnet werden (Gogolin & Lange, 2010). Welche Merkmale die Bildungssprache hat und wie sie als übergeordnete sprachliche Kompetenz in den fachlichen Domänen des Unterrichts zu berücksichtigen ist, wird am Beispiel des naturwissenschaftlichen Sachunterrichts, des Mathematikunterrichts und des Sportunterrichts diskutiert.

8.1 Bildungssprache: Definition und Merkmale

Bildungssprache kann mit Vollmer und Thürmann (2013, S. 45) »fächerübergreifend als einheitliche Varietät definiert werden, die zusammen mit alltagssprachlichen Verwendungsmustern und fachlicher Lexik das Unterrichtsgeschehen weitgehend bestimmt« und spezifische linguistische Merkmale wie Substantivierungen, Abstrakta, Komposita, unpersönliche Ausdrücke, Satzkonnektoren, Passiv und Konjunktiv und hypotaktische Strukturen (Gogolin & Schwarz, 2004) aufweist. Nach Fürstenau und Lange (2011, S. 42) zeichnet sich das bildungssprachliche Register »durch sprachliche Mittel und Strukturen aus, mit denen komplexe und abstrakte Inhalte unabhängig von der konkreten Interaktionssituation ausgedrückt werden können. Es besitzt Merkmale konzeptioneller Schriftlichkeit und dient der sprachlichen Konstruktion universaler Bedeutungen«. Sprachliche Bildung und der Erwerb der Bildungssprache sind daher als Aufgabe aller Fächer in der Schule (Vollmer & Thürmann, 2013) und eine Voraussetzung fachlichen Lernens zu betrachten. Als Anforderung einer *language across the curriculum* sind sprachbewusste Konzepte schulischen Lernens schon seit den 1970er Jahren (Fillion 1979) in der Diskussion, haben aber erst im Zuge der mangelnden zweisprachlichen Kompetenzentwicklung zugewanderter Kinder und Jugendlicher eine neue Aufmerksamkeit erfahren (Ahrenholz, 2010; Becker-Mrotzek, Schramm, Thürmann & Vollmer, 2013; Röhner & Hövelbrinks, 2013). Nach den Befunden der internationalen Sprach- und Migrationsforschung, wie sie richtungsweisend von Cummins (2008) eingebracht werden, ist die formalsprachliche Kompetenz in der Sprache des jeweiligen Einwanderungslandes entscheidend für Bildungserfolg von Migranten. Konsens besteht darüber, dass die Förderung der Bildungssprache (*Academic language* nach Cummins) von zentraler Bedeutung für den Schul- und Bildungserfolg der Migranten ist. Eine mangelnde bildungssprachliche Kompetenz wirkt sich zudem kumulativ auf das Lernen in allen Fächern aus. Sprache als Medium des Lernens stellt die Grundlage jeglichen Lernens in der Schule dar und hat daher eine übergeordnete Bedeutung für gelingende Bildungsprozesse. Sprachkompetenz wird in allen Fächern erwartet, vorausgesetzt und in die Bewertung von Fachleistungen einbezogen, obwohl der Fachunterricht in der Regel nicht sprachsensibel ist und die sprachlichen Vorrausetzungen für das fachliche Lernen nicht berücksichtigt werden. Im Anfangsunterricht der Grundschule ist es daher eine wesentliche Aufgabe, von der alltagsintegrierten zur fachintegrierten Sprachförderung zu wechseln, um bildungssprachliche Kompetenzen anzubahnen, die für das fachliche Lernen und Schulerfolg bedeutsam sind.

Im Folgenden wird zunächst der mehrdimensionale Referenzrahmen allgemeiner bildungssprachlicher Kompetenzen vorgestellt, wie er von Vollmer und Thürmann (2013) entwickelt wurde. Auf dieser Grundlage wird im Weiteren an den Fächern Mathematik, Sachunterricht und Sport gezeigt, an welche (zweit-) sprachlichen Voraussetzungen der Wissenserwerb geknüpft ist und welcher sprachliche Kompetenzerwerbs sich in fachlichen Kontexten eröffnet.

8.2 Mehrdimensionaler Referenzrahmen bildungssprachlicher Kompetenzen

Im Modell von Vollmer/Thürmann (2013, S. 46) wird eine Konzeptualisierung des Zusammenhangs von Sprache und Fach vorgenommen, die eine Bestimmung der bildungssprachlichen Anforderungen über die folgenden Dimensionen vornimmt:

»1. Fachunterrichtliche Inhalte und Methoden, 2. Textsorten bzw. Genres und die mit ihnen verwendeten Zeichensysteme, Modalitäten (z. B. medial schriftlich – konzeptuell schriftsprachlich) und Konventionen, 3. grundlegende kognitiv-sprachliche Funktionen (Diskursfunktionen, vgl. Vollmer, 2011), die vor allem für das epistemisch-heuristische unterrichtliche Sprachhandeln ausgewiesen werden:

Benennen/Definieren – Beschreiben/Darstellen – Berichten/Erzählen – Erklären/Erläutern – Bewerten/Beurteilen – Argumentieren/Stellung nehmen – Simulieren/Modellieren.«

Mit diesem allgemeinen Modell ist es möglich, auf der Ebene der curricularen Planung eine Auswahl der sprachlichen Mittel vorzunehmen, die in einem je spezifischen fachlichen Kontext erforderlich sind, um die kognitiven Lernanforderungen und den Wissensaufbau bewältigen zu können. Da Unterricht sich in der Gestaltung von Lernaufgaben vollzieht, werden in einer 6. Dimension die folgenden Felder sprachlichen Handelns definiert, die im Unterricht bildungssprachliche Kompetenzen einfordern: Aushandeln von Arbeitsweisen und Fachinhalten, Informationsbeschaffung, -erschließung, -verarbeitung, (Re-)Strukturierung und Erweiterung von Wissen, Kommunikation und Präsentation von Lernergebnissen, Reflexion und Evaluation von Lernwegen und -ergebnissen (ebd., S. 28). Je nach unterrichtlichem Kontext und fachlichen Erfordernissen sind spezifische sprachliche Kompetenzen und Mittel erforderlich, um Wissen erwerben und fachlich erfolgreich lernen zu können.

Da der Erwerb der Bildungssprachen in erheblichem Maße auch vom kulturellen Kapital, der sozialen Herkunft sowie von individuellen Dispositionen abhängig ist, werden im Modell als 7. Dimension der soziokulturelle Kontext und personale Faktoren berücksichtigt. Inwieweit das Modell erklärungsmächtig ist, kann im Folgenden an ausgewählten Studien zur Bedeutung bildungssprachlicher Kompetenzen und formalsprachlicher Register im Mathematikunterricht und naturwissenschaftlichen Sachunterricht überprüft werden. Die in diesen fachlichen Domänen vorliegenden Forschungsbefunde werden vor allem auch im Hinblick darauf analysiert, welche Erkenntnisse und Schlussfolgerungen sich für die Zweitsprachentwicklung und den bildungssprachlichen Kompetenzerwerb mehrsprachiger Kinder ziehen lassen.

8.3 Sprachsensibles naturwissenschaftliches Lernen und bildungssprachliche Kompetenzentwicklung

Das frühe naturwissenschaftliche Lernen, das mit den Forschungsarbeiten von Lück (2000) und der Entdeckung des bereichsspezifischen Wissens von Kindern durch die Entwicklungs- und Kognitionspsychologie initiiert und auf den Weg gebracht wurde, stellt mittlerweile einen selbstverständlichen Bildungsbereich dar. Die Erkenntnisse der *Conceptual-Change*-Forschung der Naturwissenschaftsdidaktik haben maßgeblich zur Entwicklung und Konzeptualisierung naturwissenschaftlicher Bildungsinhalte in der Elementar- und Primarpädagogik beigetragen und zur Entwicklung altersangemessener didaktischer Modelle und Verfahrensweisen geführt (Leuchter & Möller, 2014).

Dass naturwissenschaftliches Lernen spezifische (bildungs-)sprachliche Fähigkeiten voraussetzt und sich Sprachkompetenz und fachliches Lernen gegenseitig bedingen, ist in den letzten Jahren verstärkt im Kontext der Sprachförderung in Deutsch als Zweitsprache angedacht worden. Eine gegenseitige Begünstigung von fachlichen und sprachlichen Lernprozessen wird sowohl für junge Lernende als auch für Schülerinnen und Schüler der Sekundarstufe angenommen. Es ist jedoch bislang noch wenig erforscht, wie die Interaktion in naturwissenschaftlicher Lernumgebung sprachlich ausgestaltet sein kann oder muss, um tatsächlich sprachbildende Prozesse auszulösen. In dieser Forschungslücke sind die mehrperspektivischen Studien zur Analyse des Sprachförderpotentials naturwissenschaftlicher Lernsettings im Elementar- und Primarbereich verankert, die von der Arbeitsgruppe »Pädagogik der frühen Kindheit und der Primarstufe« an der Bergischen Universität Wuppertal im Rahmen des vom Stifterverbandes für die Deutsche Wissenschaft und der Cornelsen Stiftung Lehren und Lernen geförderten Drittmittelprojekts »Sprachförderung von Migrantenkindern im Kontext frühen naturwissenschaftlich-technischen Lernens« (Röhner, Blümer, Hopf, Li & Hövelbrinks, 2009) durchgeführt wurden. Im Rahmen des Projektes konnte eine achtmonatige Fördermaßnahme zum sprachsensiblen naturwissenschaftlichen Lernen mit 79 Kindern mit Migrationshintergrund aus Wuppertaler Kindergärten und Grundschulen (1. Schuljahr) realisiert und im Hinblick auf wirksame Förderstrategien ausgewertet werden. Wesentliche Ergebnisse aus diesem Forschungsschwerpunkt werden nachfolgend dargestellt.

Sustained Shared Thinking im frühen naturwissenschaftlichen Lernen

Das kognitiv-sprachliche Anregungspotential frühen naturwissenschaftlichen Lernens wurde in der Teilstudie von Hopf (2012) untersucht, in der das Interaktionsformat *Sustained Shared Thinking* als analytisch leitendes Konstrukt zugrunde gelegt wird, um hochwertige Pädagogin-Kind-Interaktionen identifizieren zu können. Als *Sustained Shared Thinking* werden solche Interaktionen bezeichnet, die auf einer gedanklichen Zusammenarbeit zwischen der pädagogischen Fachkraft und dem Kind basieren und in denen Ideen und Erklärungen vom Kind bzw. gemeinsam zwischen Erzieherin und Kind sprachlich erarbeitet werden (Siraj-Blatchford, Sylva, Muttock, Gilden & Bell, 2002). Hopfs Studie belegt für das untersuchte naturwissenschaftliche Setting eine Häufigkeit von *Sustained Shared Thinking* im Umfang von 23,1 % aller kognitiv-sprachlichen Pädagogin-Kind-Interaktionen. Während bisher im deutschsprachigen Raum vorliegende Studien nur wenig kognitiv anspruchsvolle Interaktionen in der elementarpädagogischen Alltagspraxis belegen, weist Hopf in der Analyse naturwissenschaftlicher Bildungs- und Lernangebote nach, dass Interaktionen im Format *Sustained Shared Thinking* häufig aufzufinden sind und naturwissenschaftliche Settings ein günstiges Feld für die Elizitierung kognitiv anspruchsvoller Pädagogin-Kind-Interaktionen darstellen.

Bildungssprachlicher Kompetenzerwerb von einsprachig und mehrsprachig aufwachsenden Kindern in naturwissenschaftlicher Lernumgebung des Primarbereichs

Hövelbrinks (2014) widmet sich in ihrer Studie der Frage, inwiefern ein naturwissenschaftliches Lernsetting zur frühen Förderung bildungs- und fachsprachlicher Elemente beitragen kann. Häufig werden isolierte bildungssprachliche Mittel auf morphosyntaktischer und lexikalischer Ebene genannt, die mit Blick auf den Bildungserfolg langfristig gefördert werden sollen und in der Alltagssprache der Kinder weniger frequent sind, z. B. mehrteilige Sätze mit Konnektoren, Passiv- und Konjunktivformen sowie komplexe Attribute und Wortbildungen (Gogolin & Lange, 2011; Hövelbrinks, 2014). Mit welchen Sprachhandlungen bzw. *Diskursfunktionen* diese jedoch sinnvoll in das fachliche Lernen integriert werden können, bleibt zumeist offen. Unter *Diskursfunktion* wird in Anlehnung an Vollmer und Thürmann (2010, S. 116) eine »integrative Einheit von Inhalt, Denken und Sprechen« verstanden, die als kognitives Werkzeug im fachlichen Lernen dient (s. o.).

In diesem Kontext hat Hövelbrinks (2014) eine Teilstichprobe von 20 Erstklässlern mit Deutsch als Zweitsprache (Sprachförderbedarf) und eine gleichaltrige Vergleichsgruppe mit 23 überwiegend einsprachig aufwachsenden Kindern (kein Sprachförderbedarf) im Hinblick auf die Verwendung bildungssprachlicher Mittel in fachbezogenen Diskursfunktionen verglichen. Der Analyse liegen 12 Unterrichtsstunden zum Thema »Farben, Licht und Schatten« zu Grunde, die deduktiv (Kategoriensystem zur Bildungssprache) und induktiv (Kategoriensystem zu den Diskursfunktionen) ausgewertet wurden. Die häufigsten Diskursfunktionen im bildungssprachlichen Register stellen dabei *Berichten, Beschreiben* und *Explorieren* dar (▶ Abb. 2).

Auffällig ist, dass in beiden Gruppen dieselben Diskursfunktionen identifiziert wurden und diese zudem ähnlich verteilt sind (▶ Abb. 2), d. h. trotz unterschiedlicher sprachlicher Voraussetzungen hat dieselbe Lernumgebung zu einem vergleichbaren Bild der Sprachhandlungen geführt. In absoluten Zahlen haben die überwiegend einsprachigen

8 Bildungssprachlicher Kompetenzerwerb und fachbezogene Sprachförderung

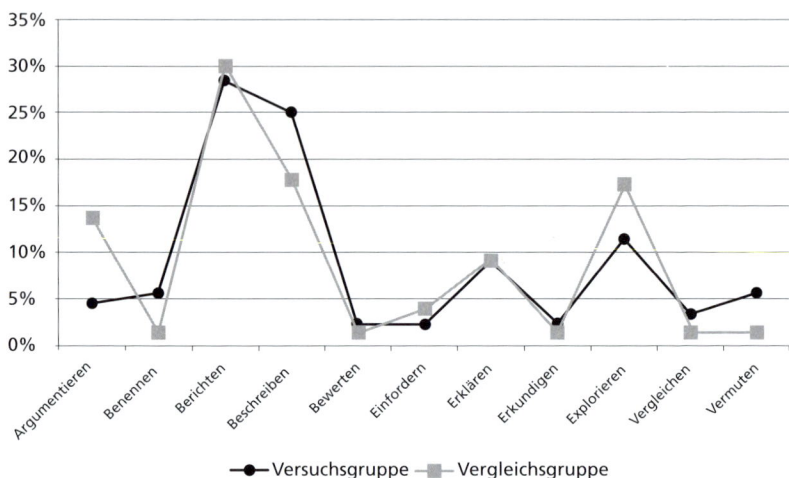

Abb. 3: Die Grafik illustriert die prozentuale Verteilung bildungssprachlicher Diskursfunktionen in der analysierten naturwissenschaftlichen Lernumgebung des ersten Schuljahres. Die dunkle Kurve zeigt die Ergebnisse der (mehrsprachigen) Versuchsgruppe, die helle Kurve die der (überwiegend einsprachigen) Vergleichsgruppe.

Kinder jedoch mehr als doppelt so viele bildungssprachliche Diskursfunktionen realisiert – sie haben insgesamt etwa ein Drittel mehr gesprochen und die meisten bildungssprachlichen Mittel signifikant häufiger verwendet (Hövelbrinks, 2014). Die Befunde von Hövelbrinks zeigen im Ergebnis, dass die Zweitsprachlernenden bereits über anschlussfähige bildungssprachliche Kompetenzen verfügen, zugleich aber seltener zu sprachlich hochwertigen Interaktionen gelangen als die gleichaltrige Vergleichsgruppe ohne Förderbedarf. So stellt die bildungssprachliche Lexik für die mehrsprachig aufwachsenden Kinder mit Sprachförderbedarf eine besondere Hürde dar, und frühe Fachwörter werden nicht in zentrale sprachliche Äußerungen zum naturwissenschaftlichen Lernen einbezogen. Insgesamt ist bei mehrsprachig aufwachsenden Kindern mit Sprachförderbedarf von einem verzögerten bildungssprachlichen Kompetenzerwerb auszugehen, den sie langfristig einholen müssen, um erfolgreich an fachlichen Lernprozessen teilhaben zu können.

Student Critical Turns und sprachförderliche Strategien im frühen naturwissenschaftlichen Lernen

In der Teilstudie von Li (2015) werden die interaktiven Elemente des naturwissenschaftlichen Unterrichtsdiskurses im 1. Schuljahr unter linguistischen und sprachdidaktischen Gesichtspunkten analysiert. In der quantitativen Analyse der Turn-Taking-Partizipation zeigt sich eine Gesprächsbeteiligung der Schülerinnen und Schüler, die im Vergleich zu vorliegenden Studien als überdurchschnittlich hoch bezeichnet werden kann (vgl. zum Folgenden Li, 2015): Der Anteil der Schülerinnen und Schüler an der *Turn-Taking-Partizipation* bewegt sich zwischen 55,4 % und 69,1 % im Vergleich zum Redeanteil der pädagogischen Fachkräfte. Dies zeigt sich vor allem in dem Befund, dass die Kinder das Rederecht im Unterrichtsdiskurs dominieren, was in einem fragen-entwickelnden Unterricht nicht erreicht wird. So ist die Unterrichtskommunikation nach dem Forschungsüberblick bei Li (2015, S. 140 f.) in vielen Fächern durch eine starke lehrerzentrierte Gesprächsführung und eine geringe mündliche Beteiligung der Schülerinnen und Schüler gekennzeichnet. Im Ergebnis zeigt sich das sprachförderliche Potential eines sprachsensiblen Fachunterrichts, der Schülerinnen und Schülern in den Gesprächsphasen ein hohes Maß an sprachlicher Kommunikation und Teilhabe eröffnet.

In einem weiteren, qualitativen Zugang untersucht die Studie Li die linguistisch hochwertigen Formate, die sich im Unterrichtsdiskurs des naturwissenschaftlichen Unterrichts im 1. Schuljahr identifizieren lassen. Der Fokus wird dabei auf qualitativ hochwertige Sprachoutputs der Schülerinnen und Schüler gerichtet, die sich als *Student Critical Turns* (*SCTs;* in Anlehnung an Boyd und Rubin, 2002) identifizieren lassen. Nach Boyd und Rubin werden syntaktisch komplexe, semantisch kohärente und diskursiv pragmatisch engagierte Sprachoutputs von Zweitsprachlernenden als *Student Critical Turns* (SCTs) definiert. Betrachtet man die SCTs im Hinblick auf ihr morphosyntaktisches Kriterium, zeigt sich in der Studie von Li, dass 66 Prozent der SCTs über zwei minimale syntaktische Einheiten (MSEs) verfügen, während die SCTs mit drei oder vier MSEs jeweils einen Anteil von 14 bzw. 13 Prozent erreichen. Den Gesprächsbeiträgen der Schülerinnen und Schüler im untersuchten naturwissenschaftlichen Unterrichtsdiskurs kann eine beachtliche Qualität zugesprochen werden. Hinsichtlich der verwendeten Satzverbindungen und Konnektoren zeigt die Studie Li, dass die Junktion *(und) dann* am häufigsten, die Junktion *wenn (dann)* am zweithäufigsten verwendet wird. Die Kinder greifen die Junktion *(und) dann* auf, um zeitliche Reihenfolgen in den naturwissenschaftlichen Handlungen zu beschreiben. Die Junktion *wenn, (dann)* wird verwendet, um Vermutungen anzustellen. Die Junktion *weil* kommt ebenfalls häufig vor, um naturwissenschaftliche Phänomene zu erklären. Die Analyse der verwendeten Verbkonstruktionen zeigt, dass die Schülerinnen und Schüler in differenzierter Form unterschiedliche Verbkonstruktionen verwenden, um naturwissenschaftliche Phänomene und Vorgänge verbalisieren zu können. Betrachtet man die Verteilung der *SCTs* nach den untersuchten Diskursfunktionen, entfallen 46 % der *SCTs* auf die Diskursfunktion des *Beschreibens*. An zweiter Stelle wird die Diskursfunktion des *Berichtens* mit 23 % und die Diskursfunktion des *Erklärens* in 10 % der Fälle realisiert. Analysiert wurde auch, in welcher Unterrichtsphase die *SCTs* am häufigsten vorkommen. Im Unterricht wurde nach den folgenden, regelmäßig wiederkehrenden Phasen unterschieden: Berichtsrunde zur Wiederholung, Einführung des neuen Themas, Vorbereitung des Experiments, Erarbeitung/Problemlösung, Ausprobieren nach der Erarbeitung sowie Berichtsrunde zur Zusammenfassung. Die Verteilung der SCTs nach Unterrichtsphasen ergibt das folgende Bild:

8.3 Sprachsensibles naturwissenschaftliches Lernen

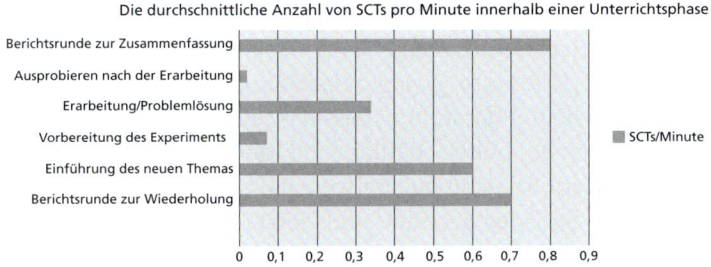

Abb. 4: Verteilung der *SCTs* nach den Unterrichtsphasen

In den Unterrichtsphasen der *Berichtsrunde zur Wiederholung* und der *Berichtsrunde zur Zusammenfassung* wird von den Schülerinnen und Schülern situationsunabhängiges Sprechen gefordert. Dabei verwenden sie anstatt alltagssprachlich geprägter Sprache eher bildungssprachliche Elemente, wie bereits Hövelbrinks (2014) in ihrer Studie zur bildungssprachlichen Kompetenzentwicklung im naturwissenschaftlichen Anfangsunterricht nachweisen konnte. Dies erklärt, dass in diesen Unterrichtsphasen öfter *SCTs* produziert werden. Die Unterrichtsphase *Einführung des neuen Themas* stellt einen Kommunikationsrahmen dar, in dem die Schülerinnen und Schüler ihre eigenen Erfahrungen mit dem präsentierten naturwissenschaftlichen Phänomen und ihr Vorwissen einbringen können, was die Produktion von *SCTs* begünstigt. In der Unterrichtsphase der *Erarbeitung/Problemlösung* führen die Lehrkräfte in die naturwissenschaftliche Fragestellung ein, um das naturwissenschaftliche Wissen und Denken der Schülerinnen und Schüler anzuregen. Die Kinder werden dadurch herausgefordert, ihre eigenen Ideen und Gedanken zu verbalisieren und zur Lösung des Problems beizutragen. In der Unterrichtsphase *Vorbereitung des Experiments* kommen weniger *SCTs* vor. Dies ist darin begründet, dass in dieser Phase vorwiegend organisatorische Fragen und Abläufe im Vordergrund stehen. Die handlungsorientierte Phase des Ausprobierens und des Experimentierens ist durch das handlungsbegleitende Sprechen alltagssprachlich geprägt, daher kommen *SCTs* in dieser Phase am wenigsten vor.

Betrachtet man die identifizierten SCTs hinsichtlich der Kriterien des diskursiv-pragmatischen Engagements näher, fällt auf, dass 71 % aller SCTs auf das Kriterium *giving responses to questions or requests* entfallen. Dies deutet darauf hin, dass das Frageverhalten der Sprachförderperson einen hohen Einfluss auf die Produktion von SCTs nimmt. Die exemplarische qualitative Analyse der Gesprächssequenzen, in denen SCTs eingebettet sind, zeigt, dass offene Fragen zum Explorieren und Beschreiben eines naturwissenschaftlichen Phänomens die Produktion von SCTs begünstigen können. Dieses Ergebnis ist konform mit den bereits erläuterten Analysen von Hövelbrinks (2014), wonach u.a. das Beschreiben und Explorieren fachliche Sprachhandlungen im bildungssprachlichen Register ermöglichen.

In ihrer Bilanz zeigen die Teilstudien im Projekt »Sprachförderung von Migrantenkindern im Kontext frühen naturwissenschaftlich-technischen Lernens« kognitiv-sprachliche Förderstrategien auf, die in mehrsprachigen Lerngruppen mit Sprachförderbedarf zu elaborierten und fachlich hochwertigen Gesprächsbeiträgen führten. Die naturwissenschaftliche Lernumgebung schafft damit Gelegenheiten zur Ausgestaltung gemeinsam geteilter Denkprozesse zwischen Kind und Erzieherin (Elementarbereich, Hopf, 2012), evoziert bildungssprachliche Diskursfunktionen (Primarbereich, Hövelbrinks, 2014) und fördert die Elizitierung von *Student Critical Turns* (Primarbereich, Li, 2015), sodass eine wirksame Integration von sprachlichem und fachlichem Lernen für das frühe naturwissenschaftliche Lernen nachgewiesen werden konnte. Im Befund kann festgestellt werden, dass die naturwissenschaftliche Lernumgebung kontextspezifische sprachliche Anforderungen an die Kinder stellt, die linguistisch hochwertige Formate evozieren. Im Unterrichtsdiskurs frühen naturwissenschaftlichen Lernens verwenden die Schülerinnen und Schüler entwickelte syntaktische Strukturen und greifen verschiedene Junktionen sowie unterschiedliche Verbkonstruktionen auf, um naturwissenschaftliche Vorgänge, Vermutungen, Hypothesen sowie Erklärungen zu verbalisieren zu können (Li, 2015).

Im Hinblick auf den heuristischen Wert des mehrdimensionalen Referenzrahmens zur Beschreibung allgemeiner bildungssprachlicher Kompetenzen von Vollmer und Thürmann (2013) kann festgestellt werden, dass den Dimensionen des Modells in der Empirie ein hoher Erklärungswert zugesprochen werden kann. Das Repertoire sprachlicher Mittel in Wortschatz, Grammatik und Pragmatik, zu Diskursstrategien und Feldern sprachlichen Handelns (Hövelbrinks, 2014; Li, 2015; Röhner & Hövelbrinks, 2013) konnte im Kontext der Studien zum naturwissenschaftlichen Lernen im Anfangsunterricht der Grundschule ebenso erhoben und analysiert werden wie die Bedeutung einer kognitiv anregenden Strukturierung der Denkprozesse zwischen pädagogischen Fachkräften und Kindern in der vorschulischen naturwissenschaftlichen Bildung (Hopf 2012).

8.4 Sprachsensibler Mathematikunterricht und bildungssprachliche Kompetenzentwicklung

Schülerinnen und Schüler mit Migrationshintergrund erreichen im Vergleich zu einsprachig deutschen Kindern bekanntermaßen nicht nur schlechtere Leistungen im Lesen (Bos et al., 2007) und in der Rechtschreibung (Schründer-Lenzen & Merkens, 2006), auch im Mathematikerwerb sind Leistungsdifferenzen zu verzeichnen, die im Verlauf der Grundschulzeit noch zunehmen können (Heinze, Herwartz-Emden & Reiss, 2007). Die Untersuchung von Dollmann und Kristen (2010) spezifiziert die Befunde zum niedrigeren mathematischen Kompetenzerwerb von Kindern aus Migrationsfamilien insofern, als sie den Einfluss der sprachlichen Kompetenz auf die Mathematikleistung überprüfen. Nach ihrem Befund erreichen sprachlich marginalisierte und monolingual segmentierte Schülerinnen und Schüler signifikant niedrigere Mathematikleistungen als kompetent bilinguale und sprachlich assimilierte Kinder. Dies legt nahe, die mangelnden mathematischen Leistungen auf mangelnde sprachliche Kompetenzen in der Bildungs- und Unterrichtssprache zurückzuführen, die für den fachlichen Wissenserwerb zentral sind. Bedeutsam ist in diesem Zusammenhang auch der Befund bei Dollmann und Kristen (2010), dass die Kenntnisse in der deutschen Sprache auf die Entwicklung der mathematischen und allgemeinen kognitiven Leistungen einen höheren Einfluss haben als auf die Leseleistungen, was auf die herausragende Bedeutung bildungssprachlicher Fähigkeiten für den mathematischen Kompetenzerwerb verweist. Sprachliche Fähigkeiten als Grundlage für das Mathematiklernen untersucht auch die Längsschnittstudie SOKKE (»Sozialisation und Akkulturation in Erfahrungsräumen von Kindern mit Migrationshintergrund«), die unter Berücksichtigung des Sprachstandes und allgemeiner kognitiver Fähigkeiten die Mathematikleistungen von Kindern mit und ohne Migrationshintergrund über die Grundschuljahre hinweg vergleicht (Heinze, Herwartz-Emden, Braun & Reiss, 2011). Bereits am Ende des 1. Schuljahres bestehen signifikante Leistungsunterschiede in Mathematik zwischen Kindern mit und ohne Migrationshintergrund, die im Verlauf der Grundschulzeit erhalten bleiben. Unter Kontrolle des Sprachstands sind bei vergleichbaren Sprachstandwerten keine signifikanten Unterschiede in der Mathematikleistung zu verzeichnen. Insofern wird auch in Längsschnittuntersuchung SOKKE belegt, dass der mathematische Kompetenzerwerb an bildungssprachliche Voraussetzungen gebunden ist. Mathematikdidaktisch relevant ist der Befund, dass der Erwerb mathematischer Begriffe, Symbole und Modelle und ein tiefergehendes mathematisches Verständnis in hohem Maß von den sprachlichen Interaktionen zwischen der Lehrkraft und den Schülerinnen und Schülern moderiert werden. Verwiesen wird in diesem Zusammenhang auch auf das Potenzial der Herkunftssprachen beim Erwerb fachlichen Wissens, wie es auch von Rehbein (2011) in die Diskussion um den Nutzen von Erstsprachen im Fachunterricht eingebracht wird. Bevor die Bedeutung von Herkunftssprachen im Mathematikunterricht thematisiert wird, sollen die spezifischen (zweit-) sprachlichen Voraussetzungen des Mathematikunterrichts näher betrachtet werden.

Mathematiklernen unter Bedingungen von Mehrsprachigkeit

Die DaZ-spezifischen Stolpersteine, die allgemein für den Zweitspracherwerb und das fachliche Lernen in spezifischer Weise gelten, beeinflussen auch den mathematische Wissens- und Kompetenzerwerb. Wesentliche sprachliche Bereiche, die hier gemeint sind, betreffen vor allem den Erwerb des Strukturwortschatzes (Pronomen, Präpositionen, Junktionen, Adverbien, attributive Ergänzungen), die Wortstellung im deutschen Satz einschließlich der Verbklammer und der Gestaltung der Präpositionalphrasen sowie Genus- und Kasusmarkierungen im Deutschen (Rösch, 2003; Hövelbrinks, 2014). Im Schriftspracherwerb stellen neben der Orthographie auch Satzverknüpfungen, Textsortenmerkmale oder die diskursive Planung und die Bereitstellung des erforderlichen Weltwissens Hürden in der Sprachproduktion dar (Rösch & Paetsch, 2011, S. 58). Mathematik ist eine formale Sprache, die neben den zentralen Diskursformen des Kommunizierens und Argumentierens, wie sie in den Bildungsstandards für die Grundschule ausgewiesen sind (KMK 2004), und einem abstrakt-formalsprachlichen Fachwortschatz auch nicht-sprachliche mathematische Zeichensysteme umfasst. Die fachlichen Anforderungen des Mathematikunterrichts erfordern spezifische sprachliche Mittel zum Verständnis mathematischer Begriffe, Repräsentationsformen und Modelle. Der fachsprachliche Wortschatz ist durch Nominalisierung (Dreisatz) und Attributierung (gleichschenkliges Dreieck) gekennzeichnet und weist viele Begriffe auf, die lateinischen oder griechischen Ursprunges sind (Addition/Subtraktion). Auch mathematische Symbole wie Plus + und Minus − sind fremdsprachlich und werden bereits im mathematischen Anfangsunterricht eingeführt. Als besondere Hürde sind Bedeutungsdifferenzen zwischen Umgangs- und Fachsprache zu nennen, wie sie beispielsweise bei Begriffen wie Körper, Zylinder, Kurve oder Seite auftreten, die im mathematischen Kontext eine andere Bedeutung haben als in der Alltagssprache (Rösch & Paetsch, 2011, S. 60). Darüber hinaus erfordern die mathematischen Symbole und Darstellungsformen wie Grafiken und Diagramme eine spezifische Dekodier- und Lesefähigkeit, die systematisch erworben werden muss (ebd.).

Unter diskursiv-pragmatischer Dimension wird das Kommunizieren im Mathematikunterricht als zentraler Fähigkeitsbereich ausgewiesen. Beispielhaft wird dies wie folgt definiert: »Idealerweise lässt sich Mathematikunterricht als Gespräch auffassen, in dem die individuellen Sprech- und Denkweisen der Schülerinnen und Schüler durch Zuhören und Fragen erweitert werden, so dass sie sich die Inhalte erschließen können. Der Schüler eignet sich dabei sukzessiv mathematische Denkmuster und die sprachlichen Ausdrucksweisen, die zur angemessenen Kommunikation über mathematische Inhalte notwendig sind, an (Gallin, Ruf, Sitta, 1985, S. 21 f)« (Rösch & Paetsch, 2011, S. 59). Der Bezug zu Gallin, Ruf und Sitta (1985) ist in diesem Zusammenhang sehr treffend gewählt, da diese ein Verständnis mathematischen und sprachlichen Lernens fokussieren, das dialogisch auf die sprachliche Moderierung und kognitive Aktivierung der fachlichen Lernprozesse zwischen Schülerinnen und Schülern und den Lehrkräften ausgerichtet ist. Im Zentrum des Lernens stehen Sprachprodukte und mathematische Aufgabengestaltungen, die Schülerinnen und Schüler über Lerntagebücher mit ihren Lehrerinnen und Lehrer kommunizieren und für die sie gegenstands- und prozessbezogene Rückmeldungen zum Weiterlernen erhalten. In diagnostischer Perspektive erhalten Lehrkräfte in dieser Form der dialogischen Unterrichtsgestaltung vielfältige Einblicke in die domänenspezifischen Denk- und Arbeitsweisen ihrer Schülerinnen und Schüler. Es wäre zu überprüfen, inwieweit der Ansatz von Gallin, Ruf und Sitta (1985) im Hinblick auf die Diagnostik sprachspezifischer Hürden und die Vermittlung bildungssprachlicher und fachsprachlicher Kompetenzen mehrsprachiger Schülerinnen und Schüler genutzt werden kann. Da er in der Form sprachlich dialogisch wie inhaltlich kognitiv und sprachproduktiv ausgerichtet ist, erscheint er für die besonderen Belange zweitsprachlich Lernender besonders geeignet. Zieht man den multidimensionalen Referenzrahmen bildungssprachlicher Kompetenzen von Vollmer und Thürmann (2013) (s.o.) heran, sind die Bezüge des Modells zu Gallin, Ruf und Sitta evident. Vollmer und Thürmann bilden in ihrem Modell nicht nur die kommunikativen Aktivitäten ab, sondern es werden »auch die kognitiven Prozesse des Wissensaufbaus [...] und deren notwendige Versprachlichung in den Blick genommen« (2013, S. 48). Beide Komponenten erfolgreichen Lernens stehen im didaktischen Zentrum sprachlichen und mathematischen Lernens bei Gallin, Ruf und Sitta (1985) und sind bei Ruf und Gallin (1995) für das erste bis dritte Schuljahr beispielhaft konzeptualisiert und an Lerndokumenten von Schülerinnen und Schülern dokumentiert. Der Transfer des Modells auf die Erfordernisse eines sprachbewussten Mathematikunterrichts für Zweitsprachlernende erscheint daher als erfolgversprechend.

Eine bereits verifizierte Variante dialogischen Lernens im naturwissenschaftlich-mathematischen Unterricht unter Einsatz der Herkunftssprachen zwischen Schülerinnen und Schülern ist bei Rehbein (2011) zu finden. In einem Feldexperiment wurde es türkischsprachigen Kindern einer 4. Klasse freigestellt, in welcher Sprache sie die Aufgabenstellungen zu einem naturwissenschaftlichen Experiment lösen. Dabei zeigte sich, dass die Schülerinnen und Schüler das Türkische als Denk- und Arbeitssprache einsetzten, um die naturwissenschaftliche Aufgabenstellung probehandelnd durchzuspielen. Das Türkische als Arbeitssprache ermöglichte es den Kindern, das gestellte Problem zu durchdenken und die Aufgaben zu lösen. Das Feldexperiment zeigt exemplarisch, welches Potenzial Herkunftssprachen beim Lösen schulischer Aufgabenstellungen haben: Sie erlauben es den mehrsprachigen Schülerinnen und Schülern, ihre Herkunftssprache produktiv zu nutzen und zu konstruktiven Problemlösungen zu gelangen, die ihrem kognitiven Leistungsstand entsprechen. Rehbein (2011, S. 206 f.) weist in seiner Studie nach, dass das *Verstehen*, das in einem mehrsprachig konstituierten Erprobungs- und Handlungsraum eröffnet wird, die Bereiche des Denkens und Sprechen verbindet und dass darin vermutlich die »Voraussetzung für die Übertragbarkeit von Denkergebnissen aus der Erst- in die Zweitsprache besteht«. Er schlussfolgert daher: »Ist also in der Arbeitssprache ein Sachverhalt verstanden, ist dieses Verständnis auch in die andere Sprache übertragbar. Umgekehrt kann aber der Versuch, Übertragungen gewissermaßen aus der ›Nicht-Arbeitssprache‹ didaktisch zu erzwingen, eher zu Blockaden führen« (ebd.). Aufforderungen von Lehrkräften, im Unterricht nur Deutsch zu sprechen, wie dies gängige Praxis an deutschen Schulen ist, verstellen mehrsprachigen Schülerinnen und Schülern den Zugang zu Wissen und zum Kompetenzerwerb und sind insofern fragwürdig. Das Modellprojekt Rehbeins (2011) bietet wichtige Hinweise und Anhaltspunkte für den Wissenserwerb mehrsprachiger Schülerinnen und Schüler, das auf alle Fächer übertragen werden kann. Sprachbedingte Barrieren schulischen Kompetenzerwerbs können mit einem solchen Modell mehrsprachigen Lernens verringert werden und Bildungsnachteile von Schülerinnen und Schüler aus Migrationsfamilien ausgleichen, wie sie auch nach den jüngsten TIMMS- und PISA-Ergebnissen zu konstatieren sind. Auch die explorative Studie von Meyer und Prediger (2011), welche die Bedeutung der Erstsprachen beim Mathematiklernen untersucht, zeigt, dass türkischsprachige Schülerinnen sich in der Erstsprache komplexe mathematische Zusammenhänge erarbeiten, die auch sprachlich elaboriert sind. So kreierten die untersuchten Schülerinnen im unterrichtlichen Diskurs eigene erstsprachliche Mittel und erarbeiteten sich die mathematischen Fachkontexte in der Erstsprache. Sie nutzten das Türkische bei der Erarbeitung der mathematischen Problemstellung, um sie anschließend mit deutschsprachigen Fachvokabeln zu ergänzen. Dabei konnte eine Verschränkung kognitiver und sprachlicher Dimensionen festgestellt werden, wie sie auch in der Studie von Rehbein (2011) zu beobachten war. Gleichwohl zeigten sich auch Grenzen, wenn im Türkischen die fachsprachlichen Register noch nicht entwickelt waren. Diese Grenze – so postulieren Meyer und Prediger – kann durch eine konsequente und frühzeitige Nutzung der Erstsprachen vom Schuleintritt an überwunden werden (2011, S. 201). Mehrsprachige Kinder zu stärken, bedeutet ihre Herkunftssprachen als Arbeitssprache im Unterricht konstruktiv einzubeziehen, damit sie die Aufgabenstellungen in ihrer Denksprache kognitiv durchdringen und lösen können.

Dies trifft insbesondere auf die Lösung von Textaufgaben zu, die eine besondere kognitive und sprachliche Herausforderung darstellen. Sach- und Textaufgaben repräsentieren eine kontextreduzierte und abstrakte Form des Sprachgebrauchs, die hohe Anforderungen an die bildungssprachlichen Kompetenzen der Lernenden stellen und eine auch sprachbedingte Barriere im Zugang zu mathematischem Wissen und Problemlösen bedeuten (s. o.). Das Lösen von Sach- und Textaufgaben stellt die Schülerinnen und Schüler vor komplexe kognitive und sprachliche Herausforderungen, die in einem Modellierungsmodell von Borremeo Ferri (2006) konzeptualisiert sind und die unterschiedlichen kognitv-sprachlichen Anforderungen im Lern- und Problemlöseprozess ausweisen. Ausgangspunkt für das Lösen einer Sach- und Textaufgabe ist das Lesen und Verstehen der im Text beschriebenen Situation, aus der die Fragestellung der zu lösenden mathematischen Problemstellung zu entwickeln ist. Dies setzt sinnerfassendes Lesen und die Erfassung der dargestellten Zusammenhänge voraus, die zur Entwicklung eines mentalen mathematischen Situationsmodells führen sollen, um die Sachaufgabe lösen zu können. Mathematische Grundvorstellungen, die zur Entwicklung eines passenden mathematischen Situationsmodells erforderlich sind, setzen entsprechende sprachliche Begriffe voraus, die insbesondere bei Zweitsprachlernenden vermittelt werden müssen, um ein erfolgreiches fachliches Lernen zu ermöglichen.

In der Textgestaltung werden die sprachlichen Hürden für mehrsprachige Kinder nur selten reflektiert. Ein probates Mittel, um den sprachlichen Anforderungsgrad von Sach- und Textaufgaben zu bestimmen, stellt die Profilstufenanalyse nach Grießhaber dar, die sich auch in diesem Kontext als gewinnbringend erweist. Sie wird von Grießhaber (2011) im Hinblick auf die Analyse der grammatikalischen Komplexität von Sach- und Textaufgaben in die Diskussion um einen sprachsensiblen Mathematikunterricht eingebracht, die einen schnellen Zugang erlaubt. Um die sprachlich-syntaktische Struktur von Textaufgaben zu entlasten, können komplexe Formulierungen wie Nominalisierungen, Nominal- und Präpositionalphrasen, komplexe Attribute und unpersönliche Formen durch sprachliche Umformulierungen und Vereinfachungen ersetzt werden. Umgekehrt können sehr reduziert und abstrakt gefasst Aussagen und Formulierungen durch sprachliche Ergänzungen und Erweiterungen verständlicher gemacht werden (Rösch & Paetsch, 2011, S. 72). Das Bereitstellen von Fachbegriffen und mathematischen Symbol- und Zeichensystemen auf Lernplakaten und in Lernkarteien sollten ein selbstverständlicher Rahmen des Mathematikunterrichts sein, um die lexikalisch-semantischen wie mathematisch-symbolischen Voraussetzungen und Fähigkeiten zu fördern und erfolgreiches fachliches Lernen unterstützen (siehe dazu und zum Folgenden das Methodentool bei Leisen, 2010). Um die bereichsspezifische Lesekompetenz zu fördern, die bei der Dekodierung von Textaufgaben erforderlich ist, sind gezielte Texterschließungsstrategien förderlich, wie sie allgemein in der Leseforschung und -didaktik bekannt und gerade für Zweitsprachlernende besonders relevant sind. Dies sind vor allem die Techniken des Nacherzählens von Sachaufgaben, des Unterstreichens und Markierens wichtiger Textstellen, des Herausschreibens von Informationen, des Umformulierens der Aufgabe sowie des Erfindens eigener Sachrechenaufgaben (Gallin, Ruf & Sitta, 1985; Bongartz & Verboom, 2007; Rösch & Paetsch, 2011, S. 71 f.). Formulierungshilfen, Lückentexte oder Skeletttexte werden empfohlen, um die Rechenprozesse und die Ergebnissicherung sprachlich zu unterstützen (ebd.).

Da die Sprache beim Aufbau mathematischer Kenntnisse eine zentrale Rolle spielt, ist die Gestaltung eines sprachförderlichen Mathematikunterrichts für den Bildungs- und Lernerfolg mehrsprachiger Kinder, die auch nach den jüngsten TIMMS- und PISA-Befunden in ihrem Kompetenzerwerb beeinträchtigt sind, von herausgehobener Bedeutung. Mehrsprachige Kinder im mathematischen Kompetenzerwerb zu stärken, setzt einen sprachsensiblen Fachunterricht voraus und kann nach dem wissenschaftlichen Erkenntnisstand auch über den Einsatz der Herkunftssprache als Denk- und Arbeitssprache erfolgversprechend unterstützt werden. Dies in der Unterrichtsgestaltung vermehrt zu berücksichtigen, stellt eine Herausforderung an den professionellen Kompetenzerwerb von Lehrkräften dar, der in der universitären und beruflichen Ausbildung, Fort- und Weiterbildung zu entwickeln und zu habitualisieren ist. Praxisrelevante Modellierungen einer fachbezogenen Sprachförderung im Mathematikunterricht sind auch im Rahmen des BiSS-Verbundes im Projekt »Sprachbrille auf! Im Mathematikunterricht« entwickelt und stoßen eine didaktisch-methodisch Neuausrichtung mathematischen Lernens an, die allen Kindern zugutekommt und sie im mathematischen Kompetenzerwerb stärkt (Koch & Verboom, 2017).

8.5 Sprachsensibler Sportunterricht und bildungssprachliche Kompetenzentwicklung

Die Förderung der Zweitsprache über sprachsensible Bewegungs- und Sportangebote für neu zugewanderte Kinder stellt ein integratives Modell motorischen und sprachlichen Lernens dar, das darüber hinaus auch auf die psychosoziale Stabilisierung dieser Kinder und ihre kulturell-soziale Integration zielt. Die theoretischen Begründungskontexte, die in diesem Modell der sprachlich-kulturellen Integration leitend sind, beziehen sich auf die Wissensbestände zum Zusammenhang von Bewegung und Sprache sowie zum integrativen Potenzial von Sport und Bewegung, das auch für psychisch belastete Kinder im Kontext von Flucht und Vertreibung stabilisierend wirken kann. Diese Zusammenhänge werden nachfolgend erörtert und es wird ein Praxismodell vorgestellt, das die sprachlich-kulturelle und psychosoziale Integration neu zugewanderter Kinder über Bewegungs- und Sportangebote fördert.

Die Annahme, dass Sport- und Bewegungsangebote die sprachliche Entwicklung unterstützen können, fußt auf Erkenntnissen der Psychomotorik und Ansätzen psychomotorisch orientierter Sprachförderung, die den Zusammenhang von sprachlicher und motorischer Entwicklung untersuchen und im Hinblick auf Sprach- und Kommunikationsförderung praxisrelevant konzeptualisieren. Neurowissenschaftliche Befunde, die ebenfalls für den Zusammenhang von sprachlicher und motorischer Entwicklung bedeutsam sind, werden hier zugunsten empirisch validierter Ansätze der psychomotorischen Sprachförderung vernachlässigt. Da die richtungsweisenden Studien in diesem Feld bei Zimmer zu finden sind, werden diese hier prioritär herangezogen.

Als grundlegende entwicklungspsychologische Annahme wird in der psychomotorischen Forschung davon ausgegangen, dass die Bewegung einen basalen Motor kindlicher Entwicklung darstellt, der im wechselseitigen Zusammenhang mit der Entwicklung der Sprache und anderen Entwicklungsbereichen wie Wahrnehmung und Kognition steht. Empirische Studien von Zimmer (2014, S. 3) können belegen, dass »vielfältige Bewegungserfahrungen in der frühen Kindheit die sprachliche Entwicklung positiv beeinflussen«. Die Verbindung von Bewegungsentwicklung und Sprachentwicklung wird von Zimmer in einer systematischen Darstellung von sprachlichen und motorischen Entwicklungsparametern vom Neugeborenen bis zum Grundschulalter konzeptualisiert, die zentrale Befunde der Sprachforschung und der motorisch-entwicklungspsychologischen Forschung in einem kohärenten Zusammenhang überführt (Zimmer, 2010, S. 69–75). Die tabellarische Gegenüberstellung sprachlicher und motorischer Entwicklungsbereiche ist überaus aufschlussreich und vermittelt ein grundlegendes Wissen zu zentralen Entwicklungsparametern in der frühen Kindheit bis zum Übergang in das Grundschulalter.

Der Zusammenhang von sprachlicher und motorischer Entwicklung wurde von der Arbeitsgruppe Zimmer für Kinder im Kindergarten- und Krippenalter auch empirisch untersucht. Der Einfluss einer bewegungsorientierten Sprachförderung auf unterschiedliche Bereiche der Sprachentwicklung von 244 drei- bis fünfjähriger Kinder in zehn Kindergärten wurde in einem aussagekräftigen Kontrollgruppendesign erforscht (Zimmer, 2010 S. 92 ff.). Im Vergleich zur Kontrollgruppe (n= 135 Kinder ohne projektspezifischer Intervention) konnte durch Prä- und Posttests zur Motorik- und Sprachentwicklung festgestellt werden, dass die Kinder der Interventionsgruppen von dem sprachsensiblen Bewegungsangebot sowohl in ihrem Motorikquotienten als auch in den Sprachwerten profitierten (ebd.).

8.5 Sprachsensibler Sportunterricht und bildungssprachliche Kompetenzentwicklung

Ähnliche Befunde zeigt die Studie Madeira Firmino (2015), die belegen kann, dass sich eine bewegungsorientierte Sprachbildung bei zweijährigen Krippenkindern positiv auf die Entwicklung der sprachlichen Kompetenzen in der frühen Kindheit auswirkt. Die sprachfördernde Wirkung entfaltet sich eher implizit, wie Zimmer einschränkend urteilt, und beruht »besonders auf den vielfältigen Sprechanlässen, die sich beim gemeinsamen Spiel ergeben, beim Bauen und Konstruieren, beim Aushandeln von Rollen und Regeln, im spontanen, spielerischen Umgang mit der eigenen Stimme sowie bei Rollen- und Symbolspielen« (Zimmer, 2011, S. 1126).

Aufbauend auf Zimmers Studie untersucht Erhorn (2012) das sprachförderliche Potenzial von Bewegung für Kinder mit Förderbedarf in Deutsch als Zweitsprache und betont die Möglichkeit der bildungssprachlichen Kompetenzerweiterung (ebd., S. 118). Der sprachsensible Sportunterricht kann bei den Kindern viele Sprachhandlungen evozieren und ihre (zweit-)sprachlichen Kompetenzen erweitern. Besonders in den Sitzkreisgesprächen standen die Schüler und Schülerinnen vor sprachlichen Herausforderungen, die sie mit Hilfe der Lehrkraft bewältigen konnten. In diesen Gesprächsrunden waren die Diskursfunktionen des Erklärens, Erläuterns, Erzählens, Berichtens sowie des Diskutierens und Verhandelns häufig gefordert und konnten in der Gesprächssituation geübt und erworben werden (ebd., S. 43–45). Somit kann Erhorn in seiner Studie die förderliche Wirkung eines sprachbewussten Sportunterrichts unter Beweis stellen.

Sprachliche Kommunikationsmuster und Felder sprachlichen Wissens und Könnens, wie sie in der Zweitsprachforschung als bedeutsam für die Entwicklung der Verkehrs- wie der Bildungssprache ausgewiesen sind, können im sprachsensibel ausgerichteten sportpädagogischen Angeboten insbesondere in den vorbereitenden und nachbereitenden Gesprächsrunden unterstützt und gefördert werden (Zimmer 2010; 2011). Die pragmatischen und diskursiven Basisqualifikationen (Ehlich 2005) spielen dabei eine besondere Rolle, da die Zweitsprachlernenden in diesen Gesprächssituationen herausgefordert sind, die Diskursfunktionen des Benennens, Berichtens, Beschreibens und Begründens anzuwenden (Vollmer & Türmann,

2010). Die semantische Qualifikation kann über die die Vermittlung sportspezifischer Fachbegriffe sowie über die systematische Nutzung von lokalisierenden Präpositionen, Artikeln, Pronomen und Komposita gezielt gefördert werden. Die morphologisch-syntaktische Qualifikation kann über den gezielten Einsatz von Aufforderungs- und Befehlssätzen, die im Sportunterricht häufig verwendet werden, sowie über Nebensatzkonstruktionen mit *weil* und *dass* erfolgen, die in den Auswertungsrunden am Ende einer Bewegungseinheit evoziert werden können. Auch präfigierte Verben und die mit ihrer Verwendung verbundenen Verbklammer spielen im Unterrichtsdiskurs des Sports eine bedeutende Rolle und können implizit erworben werden ebenso wie die Konjugation von Verben im Präsens, Perfekt und im Imperativ.

Im Überblick lassen sich folgende sprachlichen Entwicklungsschwerpunkte beispielhaft zusammenfassen, die in einem sprachsensiblen Sport- und Bewegungsangebot besonders gefördert werden können:

Sprachliche Basisqualifikationen	Ausgewählte sprachliche Förderbereiche
Semantische Basisqualifikation	Nomina für Körperteile und Sportgeräte, Fachnomina, Komposita, Artikel, Pronomen Bewegungsverben, präfigierte Verben, Präpositionen, lokale Adverbien
Morpho-syntaktische Basisqualifikation	Wortstellung im deutschen Satz, Verbklammer, Inversion, Aufforderungs- und Befehlssätze, Nebensatzkonstruktionen mit weil und dass, Konjugation und Zeitformen des Verbs (Präsens, Perfekt, Imperativ)
Diskursiv-pragmatische Basisqualifikation	Diskursfunktionen Benennen, Berichten, Beschreiben, Begründen, Argumentieren

Abb. 5: Sprachliche Förderbereiche im Sportunterricht

8.5 Sprachsensibler Sportunterricht und bildungssprachliche Kompetenzentwicklung

Die sportpädagogische Literatur stellt eine Fülle didaktisch-methodischer Handreichungen bereit, die für alle Bereiche und Basisqualifikationen der sprachlichen Entwicklung von der Phonetik, Prosodie und Phonologie, über Semantik und Wortschatzentwicklung, Syntax und Morphologie bis hin zu Kommunikation und Pragmatik Bewegungsaktivitäten und Praxisbeispiele konzeptualisiert, die vom Bewegungshandeln zum Sprachhandeln führen (exemplarisch Zimmer, 2010; 2014) und vom Krippen- über den Kindergarten- bis in das Grundschulalter eingesetzt werden können.

9

Neu zugewanderte Kinder stärken – kulturell-sprachlich und psychosozial integrieren

Die in Folge der neuen Flucht- und Migrationsbewegungen ausgelöste Zuwanderung stellt insbesondere die betroffenen Kinder und Jugendlichen vor eine hohe Anpassungs- und Akkulturationsleistung, die nicht nur das Sprachlernen, sondern vor allem auch die kulturelle und psychosoziale Integration der neu zugewanderten Kinder und Jugendlichen umfasst.

Neu zugewanderte Kinder und Jugendliche sind in einen Transmigrations- und Transitionsprozess involviert, der durch verunsichernde bis traumatisierende Erfahrungen während der Flucht belastet und auch im Einwanderungsland mit umfassenden Fremdheitserfahrungen verbunden ist, die zu bewältigen sind.

Der Transmigrations- und Transitionsprozess umfasst ein Bündel von Herausforderungen, vor die neu zugewanderte Kinder gestellt sind. Sie sind auch als Herausforderungen an die pädagogischen Fachkräfte zu verstehen, neu zugewanderte Kinder im Übergang zu stärken und ihnen die Unterstützungsmaßnahmen bereitzustellen, die sie ihrem individuellen Entwicklungs- und Akkulturationsprozess fördern können. Der Akkulturationsprozess und der damit verbundene Umgang mit Differenz- und Fremdheitserfahrungen werden nachfolgend auf der Grundlage der Akkulturationstheorie und der interkulturellen Pädagogik diskutiert; dabei werden auch Ansätze der psychosozialen Stabilisierung in Folge von Flucht und Vertreibung einbezogen, um die speziellen Lebenslagen betroffener Kinder zu berücksichtigen.

9.1 Kulturelle Akkulturation und interkulturelle Kommunikation

Welche Akkulturationsstrategien mit der Migration in ein Einwanderungsland verbunden sind, hat die Akkulturationsforschung in einer international repräsentativen Studie untersucht (Berry, Phinney, Sam & Vedder, 2010). Die Forschergruppe erhob vier unterschiedliche Strategien, die migrierte Kinder und Jugendliche in der Auseinandersetzung mit der Aufnahmegesellschaft entwickeln: Die Strategie der Integration repräsentiert eine geglückte Balance zwischen der eigenen und der fremden Kultur, die Strategie der Separation und des Rückzugs in die eigene kulturelle Gruppe führt zu einer sozialen Ausgrenzung von der Aufnahmegesellschaft, während die Assimilationsstrategie zu einer Aufgabe der eigenen kulturellen Identität zugunsten der fremden Kultur führt und die Strategie der Marginalisation weder eine Identifikation mit der eigenen noch der fremden Kultur beinhaltet.

Die Integrationsstrategie stellt nach den Befunden die kulturell und sozial effektivste Strategie dar, da sie ein positives Verhältnis zur eigenen und zur fremden Kultur aufrechterhält und den Bedürfnissen der Einwandernden am besten entspricht (Berry, 2010). In der Bilanz lassen sich folgenden Schlussfolgerungen einer gelingenden soziokulturellen und psychologischen Adaption von migrierten Kindern und Jugendlichen ziehen:

1. Von Anfang an sollten ein Austausch und der Kontakt mit der Aufnahmegesellschaft gefördert werden, um das Prinzip der Integrationsstrategie umzusetzen.
2. Kindern und Jugendlichen mit Migrationserfahrungen sollte die Möglichkeit geboten werden, weiterhin ihre eigene Kultur aufrecht zu erhalten, um diese wertzuschätzen und beibehalten zu können.
3. Parallel dazu sollten Maßnahmen zur Freundschaftsförderung zwischen multikulturellen Gruppen im schulischen und außerschulischen Kontext geboten werden.

Leitend ist hier ein migrationspädagogisches Verständnis, das sich auf den Diversity Ansatz in der interkulturellen Pädagogik bezieht, der fordert, »jedes Kind und Jugendlichen selbst bestimmen zu lassen, welche Anteile aus welchem kulturellen und sonstigen Hintergrund er oder sie für sich in welcher Lebenssituation als bedeutsam erkennt oder auswählt« (Anne-Frank-Haus, 1995, S. 9). Die Wahrnehmung kultureller Differenzen und die Anerkennung und das Verstehen des Fremden werden in der interkulturellen Pädagogik als zentrale Zieldimensionen verstanden, die in den Bildungsinstitutionen in der interkulturellen Kommunikation zu beachten sind. Diese setzen Dialogbereitschaft als Erfordernis voraus und sind mit der Schwierigkeit des Fremdverstehens verknüpft, die als Grundproblem der Pädagogik gilt (Koller, 2012). Für das Gelingen interkultureller Kommunikation ist nach Roth (2002, S. 546) der »Wille zur Kooperation« entscheidend, wobei Machtungleichheiten zu beachten sind, wie sie sich zwischen Einheimischen und Zugewanderten – auch unter Kindern – ergeben.

9.2 Psychosoziale Stabilisierung von Kindern mit Fluchterfahrungen

Die neu zugewanderten Kinder aus Kriegs- und Vertreibungsgebieten stellen eine psychisch belastete Gruppe dar, in der mit hoher Wahrscheinlichkeit auch mit posttraumatischen Belastungsstörungen zu rechnen ist. Die vorliegenden Studien zum prozentualen Ausmaß der Belastungen schwanken je nach Anlage, Sample und Reichweite der Studien; eine gesicherte Datenlage liegt bislang nicht vor. Traumata bei Kindern und Heranwachsenden sind schwerwiegender als bei Erwachsenen zu verarbeiten und in die Lebensgeschichte zu integrieren, da Kinder und Heranwachsende in ihrer Persönlichkeitsentwicklung noch nicht gefestigt sind und über die Schutzmechanismen und die psychischen Ressourcen verfügen, die es Erwachsenen prinzipiell möglich machen, mit den Traumata aktiv umzugehen (von Ballusek, 2003). Charakteristika für jüngere Kinder sind ein eingeschränktes Spielverhalten, Anhänglichkeit, Regression und eine verlangsamte Entwicklung sowie die Bildung einer Pseudo-Autonomie (Wirtgen, Iskenius & Eisenberg, 2010). Schulkinder weisen auch Leistungs- und Konzentrationsstörungen auf, auch in Form übermäßiger Leistungsorientierung. Sie sind im Vergleich zu Kleinkindern kognitiv und emotional weiterentwickelt und in der Lage, das Trauma über kompensatorische Schemata zu bewältigen (ebd.). Gleichwohl können charakteristische Verhaltensauffälligkeiten bei traumatisierten Vorschul- und Grundschulkindern auftreten; hier sind ein eingeschränktes Spielverhalten, Anhänglichkeit, Regression und eine verlangsamte Entwicklung sowie die Bildung einer Pseudo-Autonomie zu nennen (ebd.; vgl. auch Lennertz, 2011). Anzustreben ist, dass traumatisch belastete Kinder insofern stabilisiert werden können, als ihnen sozial befriedigende und psychosozial unterstützende Erfahrungen ermöglicht werden und sie sich in den Bildungseinrichtungen sicher und wohlfühlen können (Karro, 2016 a; 2016 b). Dies kann im oben bereits dargestellten Kontext eines sprachsensiblen Sportunterrichts exemplarisch dargestellt werden.

9.3 Psychosoziale Integration durch Sport und Bewegung

Bewegung und Kontakt zu anderen Kindern bei Sport und Bewegung bieten neu zugewanderten Kindern auch die Chance, den Kontakt zur Mehrheitsgesellschaft aufzubauen, Freundschaften zu entwickeln und mit der neuen Umgebung vertrauter zu werden. Die Förderung von neu zugewanderten Kindern im Kontext von Sport und Bewegung kann als ein wesentlicher Aspekt zu ihrer sozialen Integration betrachtet werden, da Freundschaftskontakte und der Kontakt zur Aufnahmegesellschaft gestiftet, Spaß an der Bewegung initiiert und diese pädagogischen Angebote sprachsensibel gestaltet werden können. Die Teilnahme an Sport- und Freizeitaktivitäten gilt in der kinderwissenschaftlichen Forschung als bedeutsamer sozialer Integrationsfaktor (Andresen & Hurrelmann, 2007; 2010; 2013). Sportliche Aktivitäten bieten Kindern Möglichkeiten, zu Gleichaltrigen Kontakt aufzunehmen, ihr Sozialverhalten zu stärken und neue kulturell-soziale Erfahrungen zu sammeln. Dies unterstützt die soziale Integrationsstrategie, die im Rahmen von Sport- und Bewegungsangeboten gezielt erworben und gestützt werden kann (Berry et al., 2010). Sport und Bewegung können die soziale Interaktionen und kollektiven Erfahrungen fördern und damit zur Integration in die Aufnahmegesellschaft beitragen. Damit kann das subjektive Wohlbefinden der neu zugewanderten Kinder unterstützt, ihre Persönlichkeit stabilisiert und ihr Selbstwirksamkeitserleben gestärkt werden. Psychisch belastete Kinder, die in Folge von Flucht und Vertreibung schwerwiegende Erfahrungen zu verarbeiten haben, können insofern gestärkt werden, als ihnen in den Sport- und

Bewegungsangeboten sozial befriedigende und psychosozial unterstützende Erfahrungen ermöglicht werden. Ein Forschungsprojekt von Röhner und Salem, das den Zusammenhang von Sprache, Bewegung und psychosozialer Integration neu zugewanderter Kinder untersucht, erwies sich nach den Ergebnissen einer Vorstudie als aussichtsreich, ist aber noch in der Erhebungsphase einer Hauptstudie, für die noch keine Befunde vorgelegt werden können.

9.4 Modelle des Unterrichts und der sprachlichen Förderung neu zugewanderter Kinder

Die Beschulungsmodelle und die Formen des Unterrichts für neu zugewanderte Kinder sollen im Folgenden in ihren Formaten und Umsetzungsstrategien dargestellt und kritisch diskursiv beleuchtet werden. Grundlagen und Prinzipien für den Start ins Deutsche schließen sich ebenso an wie Modelle einer adaptiven Lerngestaltung für zweitsprachlernende Kinder, die sowohl in integrativen als auch in separaten wie teilintegrierten Formen der Beschulung zum Tragen kommen können.

Beschulungsformen neu zugewanderter Kinder und Jugendlicher

Die Beschulung neu zugewanderter Kinder und Jugendlicher findet national wie international in unterschiedlichen Formen zwischen einer integrativen Beschulung in Regelkassen mit Fördermaßnahmen im Rahmen des regulären Unterrichts, der Förderung in separaten Klassen mit Möglichkeit zur Teilnahme am Unterricht in Regelklassen für bestimmte Unterrichtsstunden und des Unterrichts in Regelklassen mit Fördermaßnahmen außerhalb des regulären Unterrichts statt (Europäische Kommission, 2005). Im nationalen Rahmen haben die einzelnen Bundesländer unterschiedliche Lösungsansätze zwischen Sofortintegration und der Wiedereinführung der Vorbereitungsklassen für neu zugewanderte Schülerinnen und Schüler entwickelt. In der schulischen Praxis zwischen integrativen und separaten Formen ist auch eine Bandbreite teilintegrativer Formen mit standortspezifischen Ausprägungen und schulindividuellen Umsetzungsstrategien zu beobachten. Auch innerhalb eines Bundeslandes variieren die Beschulungsmodelle, wie am Bundesland NRW aufgezeigt werden kann. So ist die Sofortintegration im Modell der »Go-in-Klassen« beispielhaft im Kreis Unna realisiert, die an Schwerpunktschulen aller Schulformen eingerichtet sind und die schulische Integration der neu zugewanderten Kinder in den Regelklassen durch eine begleitende Sprachförderung leisten. Die Sofortintegration entspricht in idealer Weise der integrativen Akkulturationsstrategie, die sich nach dem Befund der Akkulturationsforschung als besonders effektiv erwiesen hat (s. o.) (Berry et al., 2010). Der Regelfall schulischer Praxis dürften separate Klassen mit unterschiedlichen Formen der sukzessiven Teilintegration in Regelklassen sein (Massumi, von Dewitz & Grießbach, 2016). Ein systematischer Überblick aller Beschulungsformen liegt zurzeit nicht vor, wie auch die Evaluationsberichte aus dem BiSS-Themencluster »Seiteneinstieg ins deutsche Schulsystem« feststellen (Ahrenholz, Fuchs & Birnbaum, 2016). Gleichwohl kann vermutet werden, dass der Rückgriff und das Comeback der Organisationsform der Vorbereitungsklassen, wie Brüggemann und Nikolai (2016) problematisieren, die bundesweit verbreitetste Variante der Beschulung darstellt. Sie wird in der Fachdiskussion wie in der kommunalen Schulorganisation vor Ort als eine schulorganisatorische Antwort auf die steigende Zuwanderung verstanden, die solange wie nötig und so kurz wie möglich neu zugewanderten Kindern und Jugendlichen die schulsprachlichen Kompetenzen vermittelt, die zum erfolgreichen Besuch des Unterrichts in der Regelklasse erforderlich sind. In dieser Ausrichtung folgt sie einem ›organisatorischen Kalkül der Schuladministration‹ (Czock, 1986, S. 4), der sich, dem Ansatz eines Postli-

9.4 Modelle des Unterrichts und der sprachlichen Förderung

beralen Rassismus folgend (Elle 2016, S. 220), »vermehrt durch Nützlichkeitserwägungen und flexible Ein- und Ausschlüsse artikuliert«. Kritisch diskursiv einzuwenden ist, dass mit der Konstruktion der neu zugewanderten Kinder und Jugendlichen als ›Seiteneinsteiger_innen‹ eine Markierung dieser als *Andere* im Sinne eines *Otherings* (Spivak, 1985; Said, 1978) und der damit verbundenen Folgen für die Selbst- und Fremdwahrnehmung der neu zugewanderten Kinder und Jugendlichen verbunden ist. In migrationstheoretischer Perspektive wird mit der Markierung als ›Seiteneinsteiger_innen‹ eine Zugehörigkeitskonstruktion vorgenommen, in der eine Unterscheidung zwischen »Wir und ein Nicht-Wir bzw. Zugehörig und Nicht-Zugehörig hergestellt« wird (Khapour, 2016, S. 158 mit Bezug auf Mecheril, 2013, S. 8).

Die Differenzkonstruktionen, die damit einhergehen, positionieren die neu zugewanderten Kinder und Jugendlichen als *nicht*-zugehörig zur natio-ethno-kulturellen Zugehörigkeitsordnung der Aufnahmegesellschaft (Mecheril, 2003) und ordnen sie als die nicht-zugehörigen Statusniedrigeren in der gesellschaftlichen Machthierarchie als Inferiore ein. Diese gesellschaftlichen Zuschreibungen sind für die Selbstpositionierungen der Kinder und Jugendlichen im Einwanderungsland nicht folgenlos und beeinträchtigen eine erfolgreiche Akkulturation, da die Markierung als ›nicht-zugehörig‹ den gesellschaftlichen Ausschluss indiziert. Insofern sind Zugehörigkeitszuschreibungen, wie sie dem Begriff des ›Seiteneinsteigers‹ und der ›Seiteneinsteiger‹klasse inhärent sind, zu problematisieren und die damit verbundenen performativen Praktiken des Unterscheidens und Positionierens kritisch reflexiv zu betrachten (Khakpour, 2016). Die Positionierung als die *Anderen* vollzieht sich innerhalb der räumlich-leiblichen Organisation von Schule auch real in der Zuweisung zu speziellen Klassenräumen und separaten peerkulturellen Gruppierungen. Die in der Fachdiskussion und politischen Diskussion stets geforderte soziale Integration wird in der Konstruktion der ›Seiteneinsteiger‹klassen insofern konterkariert, als Separation praktiziert und als pädagogisch wie schulorganisatorische notwendige Form proklamiert wird. Dies muss auch aus inklusionspädagogischer

Perspektive in Frage gestellt werden, da mit dem Rückgriff auf die ›Seiteneinsteiger‹klasse als separater Beschulungsform für neu zugewanderte Kinder auch ein Rückfall hinter die Ansprüche einer inklusiven Pädagogik und der damit verbundenen inklusiven Schulentwicklung zu verzeichnen ist. Separierende und inkludierende Strategien und Praktiken in der Schul- und Unterrichtsentwicklung stehen hier im Widerspruch und müssen als solche in der Frage um die Beschulung neu zugewanderter Kinder und Jugendlicher kritisch diskutiert und bewertet werden. Zwar werden je nach Bundesland und Schulstandort unterschiedliche Bezeichnungen für die separaten Gruppierungsformen genutzt – sie variieren zwischen Auffangklasse, Vorbereitungsklasse, Seiteneinsteigerklasse, Intensivklasse, Willkommensklasse, Auffangklasse und anderen Bezeichnungen –, sie stellen im Grundsatz eine Form des *institutionellen Otherings* dar, deren Folgen für die Selbst- und Fremdpositionierung im Prozess der Akkulturation der neu zugewanderten Kinder und Jugendlichen vielfach unbedacht sind. Insofern wird einem Integrationsverständnis gefolgt, das sich gegen strukturell diskriminierende Integrationspolitiken richtet, die mit Foucault als Normalisierungs- und Disziplinierungsregimes zu beurteilen sind.

Unterrichtsgestaltung in Klassen für neu zugewanderte Schülerinnen und Schüler

Wie der Unterricht in separaten Klassen für neu zugewanderte Schülerinnen und Schüler fachlich und sprachlich gestaltet wird, ist bisher wenig untersucht. In einer eigenen explorativen Studie untersuchte Röhner (2016), vor welche Herausforderungen sich die Lehrkräfte gestellt sehen und wie sie den Unterricht gestalten. Befragt nach den Lernvoraussetzungen der neu zugewanderten Kinder, zeichnen sich die Klassen mit einem Höchstmaß an Heterogenität im Hinblick auf Alter (6 bis 12 Jahre), Schulerfahrungen (keine bis sehr gute), Alphabetisierung in einem anderem Sprach- und Schriftsystem bzw. keinerlei vorausgegangene Alphabetisierung sowie im Hinblick auf das allgemeine Lern- und Arbeitsverhalten und domänenspezifische Lernvoraussetzungen aus. Als besondere Herausforderung an ihre professionelle Kompetenz bezeichnen es die befragten Lehrkräfte, Kinder aus unterschiedlichen kulturell-nationalen Kontexten und unterschiedlicher Begabungspotentiale sprachlich *und* domänenspezifisch zu fördern, der Leistungsspanne zwischen 6- und 12-Jährigen fachlich Rechnung zu tragen, die mangelnde Alphabetisierung nachzuholen sowie individuelle Lernpläne für jedes Kind zu erstellen und eine ausreichende didaktische Materialausstattung bereitzustellen. Diese Bandbreite an Heterogenität wird auch in der Studie von Frenzel, Niederhaus, Peschel und Rüther (2016, S. 190 f.) bilanziert. Zudem sei das Konfliktmanagement eine sozialregulative Aufgabe, die aufgrund der Sprachsituation oftmals schwierig zu lösen ist. Auch die Kooperation mit Lehrkräften der Regelklassen und die Elternarbeit im Hinblick auf Schulpflicht und Unterrichtsmaterialien werden als besondere Herausforderungen genannt. Befragt danach, wie die Lehrkräfte mit der besonderen sprachlichen Ausgangssituation umgehen, zeigt sich eine kreative didaktische Kompetenz der Lehrkräfte, die auf die sprachliche Nullsituation mit der Adaption des Immersionskonzepts des Erstenglischunterrichts reagieren und dieses nutzen, um die sprachliche Kommunikation zu entwickeln. Die Individualisierung des Unterrichts erfolgt in Form individueller Arbeitspläne in Deutsch und Mathematik, die adaptive Lernaufgaben nach Leistungsvermögen, Schwierigkeitsgrad und Grad des selbstständigen Lernens enthalten sowie über eine materialbezogene Individualisierung, die über kommerzielle Arbeitsmittel und selbst hergestellte Arbeitsblätter und Materialien gestaltet wird. Nach den Selbstauskünften der Lehrkräfte können ein hoher Grad an adaptiven Lernaufgaben in Einzelarbeit und binnendifferenziertem Klassenunterricht, in dem eine qualitative Binnendifferenzierung nach Stoff- und Zeitumfang, Komplexität der Aufgabenstellung, dem Ausmaß direkter Hilfe und dem Grad der Selbstständigkeit erfolgt (Klafki & Stöcker, 1976; Thomas, 2011), festgestellt werden. Je nach Möglichkeit wird auch Einzelarbeit in der face-to-face Interaktion mit einer zweiten Lehrkraft (Studentin, Lehrerin in Doppelbesetzung) praktiziert, in der über direkte Instruktion ein höheres Maß an Adaption des Unterrichtsangebots an die Lernvoraussetzungen ermöglicht wird. Die lehrergestützte, strukturierte Bearbeitung des Lernstoffs stellt eine wirksame Form individualisiert-differenzierten Lernens dar und wird für das Lernen förderbedürftiger Schülerinnen und Schüler als besonders effektiv betrachtet (Paradis & Linser, 2008; Roßbach & Wellenreuther, 2002). Im Unterricht für neu zugewanderte Kinder in separaten Klassen werden nach den Selbstaussagen der Lehrkräfte adaptiver Unterricht und eine schülerbezogene Individualisierung praktiziert. Unterricht ist adaptiv, wenn er differentiell und abhängig von bedeutsamen Merkmalen von Schülerinnen und Schülern gestaltet ist. Nach Helmke und Weinert (1997, S. 137) stellt adaptiver Unterricht »das wissenschaftlich fundierteste und didaktisch aussichtsreichste Konzept [dar], um auf die großen und stabilen interindividuellen Unterschiede der Schüler in didaktisch angemessener Form zu reagieren«. Inwieweit dies in der Diagnose-, Planungs- und Umsetzungskompetenz der Lehrkräfte im Unterricht neu zugewanderter Kinder zum Tragen kommt, kann nicht über Selbstauskünfte überprüft werden, sondern nur über methodisch kontrollierte Formen der Unterrichtsforschung.

Praxisberichte zum Unterricht für neu zugewanderte Schülerinnen und Schüler, die zunehmend vorliegen, weisen die in der Studie von Röhner (2016) erhobenen Besonderheiten und Gestaltungsformen des Unterrichts auf (Mika & Weis, 2016; Henrichs, 2016): Der Unterricht wird über individuelle Arbeits- und sowie differenzierte didaktische Materialien gestaltet, die auch selber hergestellt werden, um den Zweitspracherwerb und das fachliche Lernen passgenauer unterstützen zu können.

Welche Prinzipien und Grundsätze für die Gestaltung des Anfangsunterrichts für neu zugewanderte Kinder leitend sind, hat Oomen-Welke (2015, S. 73 f.) zusammengefasst, die wie folgt modifiziert werden:

- Willkommen vermitteln
- Alle Kinder täglich direkt ansprechen – auch non verbal gestisch-mimisch
- Klar lautierendes Sprechen der Lehrkräfte
- Handlungs- und arbeitsbegleitend sprechen
- Sprachlernen durch konkrete Gegenstände, Objekte, Bildmaterial unterstützen
- Über sprachliche Routinen Sprach- und Redeformen vermitteln
- Reime, Lieder und bewegungsorientierte Spiele einsetzen, die Mittun auch ohne Sprache erlauben
- Literale Erfahrungen eröffnen und kultivieren
- Herkunftssprachen vielfältig einbeziehen
- Sprachlehrstrategien wie korrektives Feedback, Präsentation, Expansion, Transformation oder Extension nutzen
- Sprachvergleiche unterstützen und sprachkontrastiv arbeiten
- Reichhaltiger sprachliches Input für erweitertes Sprachlernen und Versprachlichen von Welt- und Umwelterfahrungen

Das Sprachlernen soll dabei nicht formorientiert, sondern in sach- und lebensweltliche Themen eingebettet sein, die einen gemeinsamen Erlebnisrahmen für den Sprachunterricht darstellen und in deren Kontext sprachliche Strukturen erworben werden können. Insgesamt zeigt sich, dass in der Unterrichtsgestaltung allgemeingültige Prinzipien des Unterrichts zum Tragen kommen, die für jeden Grundschulunterricht gelten, der sich an den heterogenen Lernbedingungen ausrichtet. Auch auf diesem Hintergrund sind die separaten Gruppierungsformen in der Unterrichtung neu zugewanderter Kinder fragwürdig.

Sprachlich adaptive Lerngestaltung in den Fächern

Für den Verlauf des Zweitsprachlernens in den fachlichen Domänen des Unterrichts haben Grießhaber, Heilmann und Goßman (2012;

2013; 2014) ein zweitsprachliches Förderkonzept entwickelt, das auf der diagnostischen Grundlage der Profilstufenanalyse fachlich adaptive Lernaufgaben auf jeder Entwicklungsstufe des Zweitspracherwerbs anbietet. Für die Fächer Deutsch, Mathematik und Sachunterricht sind in den Materialien Förderbausteine für den Soforteinsatz im Unterricht konzipiert, die den Ansprüchen einer praxis- und curriculumnahen Diagnostik gerecht werden und jedem Kind auf seiner Erwerbsstufe der Zweitsprache passende Lernangebote in den zentralen Fächern des Unterrichts eröffnen. Die Prinzipien der Diagnostik und einer Lerngestaltung, die sich am individuell erreichten Sprachstand ausrichtet, werden leicht zugänglich vermittelt. Die in den Materialbänden entwickelten Sachthemen des Unterrichts in den Fächern Deutsch, Mathematik und Sachunterricht werden jeweils in Lernangebote in den vier Förderhorizonten der Profilstufen 1 bis 4 ausdifferenziert. Das Konzept kann als diagnostisch wie fachlich fundiertes Konzept des Zweitsprachlernens beurteilt werden, das den hohen Qualitätsansprüchen an die Unterrichtsgestaltung entspricht, wie sie in der Unterrichtsforschung ausgewiesen sind. Das Konzept Sprachförderung PLUS erlaubt es, die heterogenen Lernvoraussetzungen im Zweitspracherwerb zu berücksichtigen und die sprachlichen Lernaufgaben orientiert an dem individuellen Sprachstand ausgerichtet zu gestalten. Insofern repräsentiert Sprachförderung PLUS ein Modell des Zweitsprachlernens in fachlichen Kontexten, das Kinder in ihrem Zweitspracherwerb diagnostisch wie didaktisch fundiert stärken und in ihrem Bildungserfolg unterstützen kann. Es stellt zudem ein praxistaugliches Konzept des Zweitspracherwerbs dar, das auch die Ansprüche an einen interkulturell-mehrsprachig ausgerichteten Unterricht berücksichtigt und didaktisch phantasievoll gestaltet ist.

Das nachfolgende *Best-Practice*-Beispiel einer interkulturell-mehrsprachigen Schule im Übergang zu einer umfassend inklusiven Schule schließt das Kapitel ab und dokumentiert exemplarisch den Stand der Unterrichts- und Schulentwicklung, wie er sich in der konkreten Gestaltung interkulturell-inklusiver Praxis aktuell zeigen lässt.

9.5 Neu zugewanderte Kinder stärken – Das Modell der Libellenschule

Wie Schulen neu zugewanderte Kinder in ihrem Übergang und im Prozess der schulischen Integration stärken und ihre zweitsprachlichen Kompetenzen fördern und entwickeln können, wird abschließend beispielhaft am Modell einer Grundschule dargestellt.

> Das Beispiel der Libellenschule
> Schulen mit einem auf Interkulturalität und auf Mehrsprachigkeit ausgerichteten Profil begreifen die Integration als eine gemeinsame Aufgabe und richten ihre Erziehungs- und Unterrichtstätigkeit auf die besonderen Belange der neu zugewanderten Kinder und ihrer Familien aus. Ein Beispiel, wie dies gelingen kann, stellt das der Libellen-Grundschule dar, die für die schulische Integration und schulische Förderung der neu zugewanderten Kinder ein vorbildliches Konzept entwickelt hat [http://www.libellen-grundschule.de]. Eine reflektiert gestaltete Willkommenskultur und aktive Elternarbeit zeichnen das Profil der Schule ebenso aus wie interkulturell mehrsprachiges Lernen, das auch einen handlungsorientierten Erwerb der Zweitsprache umfasst. Dabei wird auf fachlich fundierte Grundlagen der Zweitsprachdidaktik zurückgegriffen und mit Verweis auf Belke (2007) *Generatives Sprechen und Schreiben* als tragendes methodisches Konzept realisiert. Unterstützt und gerahmt wird diese Unterrichtstätigkeit durch den Einsatz von Profilbögen zur Lern- und Leistungsentwicklung der Kinder, einer engen Kooperation innerhalb des Kollegiums sowie mit der Kita im Einzugsbereich der Schule. Die Schule strebt zudem eine zügige Integration in die Regelklasse an und bereitet die Kinder schrittweise auf diese vor.

Auf dem Weg zu einer inklusiven Schule, die mit dem Anspruch auf die Integration und Inklusion aller Kinder unabhängig von Herkunft,

Ethnizität, Kultur, Geschlecht, Religion und individuellem Entwicklungsstand verbunden ist, wie sie in der Kinderrechtsbewegung und der Salamancaerklärung zu einer inklusiven Schul-und Unterrichtsentwicklung kodifiziert sind, stellen Modelle wie das der Libellenschule ein *Best-Pratice-Beispiel im Übergang* dar, das bereits wesentliche Prinzipen einer interkulturell-inklusiv ausgerichteten Schule verwirklicht und in der Erziehung, Unterricht und Schulleben zur Geltung bringt. Der Weg zur Sofortintegration ist vorbereitet, er muss nur noch beschritten werden.

10

Fazit

Kinder zu stärken in Sprache(n) und Kommunikation ist eine Herausforderung, vor die Gesellschaft und Bildungsinstitutionen in gleicher Weise gestellt sind. Angesichts der Flucht- und Migrationsbewegungen, die in der Gegenwart wie auch zukünftig zu erwarten sind, kann davon ausgegangen werden, dass sich die sprachliche Superdiversität, von der heute insbesondere in den großen Städten und Ballungsräumen gesprochen werden kann, weiter ausdifferenziert und Mehrsprachigkeit als Bildungsvoraussetzung zu einem allgemeinen Merkmal von Unterricht wird.

Ob und wieweit die Schule ihren monolingualen Habitus zugunsten einer mehrsprachigen Erziehung und Bildung aufgibt, um den mehrsprachigen Lernvoraussetzungen einer immer größer werdenden Zahl von Kindern gerecht zu werden, kann zu diesem Zeitpunkt nicht beantwortet werden. Zwar sind Kindertagesstätten und Schulen zunehmend dabei, das sprachliche Potenzial der mehrsprachigen Kinder konstruktiv aufzugreifen und zu fördern; gleichwohl zeigt es sich an aktuellen Studien (Elle 2016), dass weiterhin eine Priorisierung des Deutschen favorisiert und Integration als sprachliche Assimilation an die Mehrheitsgesellschaft erwartet und bildungspolitisch gefördert wird. Mit unserem Band wollen wir Mut machen, das sprachliche Potenzial der mehrsprachigen Kinder produktiv zu entfalten und auch die einsprachigen Kinder mehrsprachig zu erziehen und zu bilden. Die täglich erfahrbare Realität in Kita und Klassenzimmer *ist mehrsprachig* und sollte zum Ausgangspunkt für gelebte Mehrsprachigkeit und ein mehrsprachiges Lernen genutzt werden, das allen Kinder zugutekommt und sie in ihrer sprachlichen Entwicklung umfassend fördern will. Vor der wachsenden Mehrsprachigkeit in den Bildungseinrichtungen kann niemand mehr die Augen verschließen. Die Professionalisierung für mehrsprachige Bildung und Erziehung muss in der Aus-, Fort- und Weiterbildung pädagogischer Fachkräfte zukünftig stärker verankert und als ein allgemeiner Erziehungs- und Bildungsauftrag definiert werden. Wir hoffen, dass unser Band dazu einen Beitrag leisten kann.

Literaturverzeichnis

Ahrenholz, B. (2010). *Fachunterricht und Deutsch als Zweitsprache* (2. Auflage). Tübingen: Narr Francke Attempto.

Ahrenholz, B., Hövelbrinks, B., Maak, D. & Zippel, W. (2013). Mehrsprachigkeit an Thüringer Schulen (MaTS) – Ergebnisse einer Fragebogenerhebung zur Mehrsprachigkeit an Erfurter Schulen. In: I. Ooomen-Welke & I. Dirim (Hrsg.), *Mehrsprachigkeit in der Klasse wahrnehmen – aufgreifen – fördern* (S. 43–58). Stuttgart: Fillibach bei Klett.

Ahrenholz, B., Fuchs, I., Birnbaum, T. (2016). »dann haben wir natürlich gemerkt der übergang ist der knackpunkt« – Modelle der Beschulung von Seiteneinsteigern in der Praxis. *In: BiSS-Journal, 5. Ausgabe, 11.*

Alvermann, D. E. (2009). New Literacies. Schnittmengen der Interessen von Heranwachsenden und der Wahrnehmung von Lehrerinnen und Lehrern. In: A. Bertschi-Kaufmann & C. Rosebrock (Hrsg.), *Literalität. Bildungsaufgabe und Forschungsfeld* (S. 91-103). Weinheim: Juventa.

Amt für multikulturelle Angelegenheiten der Stadt Frankfurt (Hrsg.) (2016). *Mehrsprachigkeit in Kindertagesstätten und Schule. Aktionen und Projekte.* Frankfurt am Main.

Andresen, S. & Hurrelmann, K. (Hrsg.) (2007; 2010; 2013). *Kinder in Deutschland. 1. – 3. World Vision Kinderstudie.* Frankfurt am Main: Fischer Taschenbuchverlag.

Anne-Frank-Haus (Hrsg.). (1995). *Handbuch »Das sind wir«. Interkulturelle Unterrichtsideen für Klasse 4–6 aller Schularten.* Amsterdam: Beltz Verlag.

Arizpe, E. (2009). Sharing Visual Experiences of a New Culture: Immigrant Children's Responses to Picturebooks and Other Visual Texts. In: J. Evans (Hrsg.), *Talking Beyond the Page: Reading and Responding to Picturebooks* (S. 134–151). London: Routledge.

Arizpe, E. (2010). »All this Book is About Books: Picturebooks, Culture, and Metaliteraly Awareness. In: T. Colomer, B. Kümmerling-Meibauer & C. Silva-Diaz (Hrsg.), *New Perspectives in Picturebook Resaerch* (S. 69–82). New York: Routledge.

Arizpe, E. & Blatt J. (2011). How Responses to Picturebooks Reflect and Support the Emotional Development of Young Bilingual Children. In: B. Kümmerling-

Meibauer (Hrsg.), *Where Literacy Begins. Children's Books from 0 to 3* (S. 254–264). Amsterdam: John Benjamins.

Baur, R. S. & Meder, G. (1992). Zur Interdependenz von Muttersprache und Zweitsprache bei jugoslawischen Migrantenkindern. In: R. Baur, G. Meder & Previšić (Hrsg.), *Interkulturelle Erziehung und Zweisprachigkeit* (S. 109–140). Baltmannsweiler: Schneider Verlag.

Beck, B. & Klieme, E. (Hrsg.) (2007). *Sprachliche Kompetenzen. Konzepte und Messung. DESI-Studie (Deutsch Englisch Schülerleistungen International). Konzepte und Messung.* Weinheim und Basel: Beltz.

Becker-Mrotzek, M. & Vogt, R. (2009). *Unterrichtskommunikation. Linguistische Analysemethoden und Forschungsergebnisse* (2., bearbeitete und aktualisierte Auflage). Tübingen: Max Niemeyer.

Becker-Mortzek, M., Schramm, K., Thürmann, E. & Vollmer, H. J. (Hrsg) (2013). *Sprache im Fach. Sprachlichkeit und fachliches Lernen.* Münster, New York, München, Berlin: Waxmann.

Belke, G. (2007). *Mit Sprache(n) spielen. Kinderreime, Gedichte und Geschichten für Kinder zum Nachsprechen, Mitmachen und Selbermachen.* Baltmannsweiler: Schneider Verlag.

Berry, J. W., Phinney, J. S, Sam, D. L & Vedder (2010). Immigrant Youth: Acculturation, Identity and Adaption. *Zeitschrift für Pädagogik 55. Beiheft*, 17–43.

Bialystok, E. Luk, G. & Kwan, E. (2005) Bilingualism, Biliteracy, and Learning to Read: Interactions Among Languages and Writing Systems. *Scientific Studies of Reading 9 (1)*, 43–61.

Bialystok (2014). Language Experience Changes. Language and Cognitive Ability. *Zeitschrift für Erziehungswissenschaft 17 (3)*, 433–446.

Bialystok, E. (2007). Cognitive Effects of Bilingualism: How Linguistic Experience Leads to Cognitive Change. *The International Journal of Bilingual Education and Bilingualism 10 (3)*, 210–224.

Bowerman, M. (1977). The Acquisition of Word Meaning. An Investigation of some Current Concepts. In: P. N. Johnson-Laird & P. C. Wason (Hrsg.). *Thinking. Readings in Cognitive Science.* Cambridge: University Press.

Bongartz, T. & Verboom, L. (2007). *Fundgrube Sachrechnen.* Berlin: Cornelson Scriptor.

Borromeo Ferri, R. (2006). Theoretical and Empirical Differentiations of Phrases in the Modelling Process. *ZDM 38 (2)*, 86–95.

Bos, W., Hornberg, S., Arnold, K. H., Faust, G., Fried, L., Lankes; E. M., Schwippert, K. & Valtin, R. (Hrsg) (2007). *IGLU 2006. Lesekompetenzen von*

Grundschulkindern in Deutschland im internationalen Vergleich. Münster: Waxmann:

Boyd, M. P. & Rubin, D. L. (2002) Elaborated Student Talk in Elementary ESoL Classroom. *Research in the Teaching of Englisch 36 (4)*, 495–530.

Bredel, U. (2005). Sprachstandsmessung – Eine verlassene Landschaft. In: K. Ehlich (Hrsg.), *Anforderungen an Verfahren der regelmäßigen Sprachstandsfeststellung als Grundlage für die frühe und individuelle Förderung von Kindern mit und ohne Migrationshintergrund*. Bundesministerium für Bildung und Forschung (S. 78–120). Bonn, Berlin.

Brinkmann, E. (2015). Schreiben lernen nach dem Spracherfahrungsansatz. In: E. Brinkmann (Hrsg.), *Rechtschreiben in der Diskussion – Schriftspracherwerb und Rechtschreibunterricht. Beiträge zur Reform der Grundschule, Bd. 140* (S. 44–53). Grundschulverband: Frankfurt am Main.

Brinkmann, E. (2017). Schreiben mit der (An-)Lauttabelle – auch für mehrsprachige Kinder? *Grundschule aktuell. Zeitschrift des Grundschulverbandes, Heft 137*, 9–13.

Brinkmann, E. (Hrsg.) (2010). *ABC Lernlandschaft*. Hamburg: Verlag für pädagogische Medien.

Brinkmann, E. & Brügelmann, H. (Hrsg.) (2000). *Offenheit mit Sicherheit. Vom Lernen, Schrift entdecken, Schrift zu gebrauchen, Schrift zu verstehen und was der Unterricht dazu tun kann* (6. Auflage). Hamburg: Verlag für pädagogische Medien.

Brizić, K. & Lo Hufnagl, C. (2011). *»Multilingual Cities« Wien*. Bericht zur Spracherhebung in den 3. und 4. Volksschulklassen. Teil 1 (quantitativ) zum wissenschaftlichen Projekt »Sprache und Bildungserfolg«. Österreichische Akademie der Wissenschaften: Wien (http://academia.edu/1826419/Brizic_¬K._and_Hufnagl_Claudia_Lo_2011_Mulitilingual_Cities_Vienna._Preliminary_school_report_on_a_home-language_survey_in_Viennese_primary_¬schools_inGerman_._Austrian_Academy_of_Sciences._Online) Zugriff am (07.07.2013).

Bredel, U. (2012). (Verdeckte) Probleme beim Orthographieerwerb des Deutschen in mehrsprachigen Klassenzimmern. In: W. Grießhaber & Z. Kalkavan (Hrsg.), *Orthographie- und Schriftspracherwerb bei mehrsprachigen Kindern* (S. 125–142). Stuttgart: Fillibach bei Klett.

Brohy, C. (2005). Trilingual Education in Switzerland. *International Journal of the Sociology of Language 171*, 133–148.

Brügelmann, H. (Hrsg.). (1984). *Kinder auf dem Weg zur Schrift*. Konstanz: Libelle.

Brüggemann, Ch. & Nikolai, R. (2016). *Das Comeback der Vorbereitungsklassen für neu zugewanderte Kinder und Jugendliche*. Hrsg. V. der Friedrich-Ebert-Stiftung, Abt. Studienförderung. Berlin. Verfügbar unter (www.library.fes.de/¬pdf-files/studienfoederung/12406.pdf) Zugriff am [07.08.2016)

Bruner, J. (Hrsg.) (1993). *Wie das Kind sprechen lernt*. Bern: Huber.

Büker, P. & Vorst, C. (2010). Kompetenzen und Unterrichtsziele im Lese- und Literaturunterricht der Grundschule. In: M. Kämper-van den Boogaart & K. Spinner (Hrsg.), *Lese- und Literaturunterricht* (Deutschunterricht in Theorie und Praxis Band 11/2) (S. 21–48). Baltmannsweiler: Schneider Verlag.

Buschmann, A. & Sachse, S. (2011). Alltagsintegrierte Sprachförderung in der Kita - Konzept und Wirksamkeit des »Heidelberger Trainingsprogramms«. In: M. Textor (Hrsg.) *Online Kindergartenhandbuch.*

Chomsky, N. (1965). *The Aspects of the Theory of Syntax*. Cambridge, Massachusetts: The M.I.T. PRESS

Clahsen, H. (1986). *Die Profilanalyse. Ein linguistisches Verfahren für die Sprachdiagnose im Vorschulalter*. Berlin: Marhold.

Cummins, J. (2008). BICS and CALP: Empirical and Theoretical Status of the Distinction. In: B.V. Street & N. Hornberger (Hrsg.), *Encyclopedia of Language*. (2. Auflage), (S. 71–83). New York: Springer Science + Business Media LLC.

Chilla, S., Rothweiler, M., Babur. E. (2013). *Kindliche Mehrsprachigkeit. Grundlagen – Störungen – Diagnostik* (2. Auflage). München: Ernst Reinhardt.

Czock, H. (1986). Ethnozentrismus in der Schule. Zur Logik des institutionellen Umgangs mit Migrationskindern oder »... da sind einfach Lücken und Differenzen, die man nicht schließen kann.« In: A. Kalpaka & N. Räthzel (Hrsg.), *Die Schwierigkeiten nicht rassistisch zu sein* (S. 92–104). Berlin: Mundo Verlag.

Dannenbauer, F. M. (1984). Techniken des Modellierens in einer entwicklungsproximalen Therapie für dysgrammatisch sprechende Vorschulkinder. *Der Sprachheilpädagoge 16 (2)*, 35–49.

de Angelis, G. (Hrsg.) (2007). *Third or Additional Language Acquisition*. Clevdon etc.: Multilingual Matters.

de Houwer, A. (1995). Bilingual language acquisition. In: P. Fletcher, B. MacWhinney (Hrsg.), *The Handbook of Child Language* (S. 219–250) Oxford.

de Houwer, A. (Hrsg.) (1990). *The Acquisition of Two Languages from Birth: A Case Study*. Cambridge: Cambridge University Press.

Decker, I. & Schnitzer, K. (2012). FreiSprachen – Eine flächendeckende Erhebung der Sprachenvielfalt an Freiburger Grundschulen. In: B. Ahrenholz & W. Knapp (Hrsg.), *Sprachstand erforschen* (S. 95–11). Freiburg: Fillibach.

Dehn, M. (Hrsg.). (2006). *Zeit für die Schrift*. Berlin: Cornelsen.

Dirim, İ. (2009). Migrantensprachen im bilingualen Grundschulunterricht. In: Ch. Röhner, C. Henrichwark & M. Hopf (Hrsg.), *Europäisierung der Bildung. Konsequenzen und Herausforderungen für die Grundschulpädagogik* (S. 95–102). Wiesbaden: VS-Verlag.

Dirim, İ. (Hrsg.). (1998). *»Var mi lan Marmelade?« Türkisch-deutscher Sprachkontakt in einer Grundschulklasse*. Münster: Waxmann.

Dirim, İ., Eder, U. & Springsits, B. (2013). Sujektivierungskritischer Umgang mit Literatur in migrationsbedingt multilingual-multikulturellen Klassen der Sekundarstufe. In: I. Gawlitzek & B. Kümmerling-Meibauer (Hrsg.), *Mehrsprachigkeit und Kinderliteratur* (S. 121–142). Stuttgart: Fillibach bei Klett.

Döll, M. & Dirim, I. (2010). Zukunft der transkulturellen Bildung – Zukunft der Migration. In: A. Datta (Hrsg.), *Zukunft der transkulturellen Bildung – Zukunft der Migration* (S. 167–175). Frankfurt am Main: Brandes und Apsel.

Dogruer, N., Knopp, J., Senol-Kocamann, D. & Springer, M. (2005). Rucksack-Projekt. Ein Konzept zur Sprachförderung und Elternbildung im Elementarbereich. In: Ch. Röhner (Hrsg.), *Erziehungsziel Mehrsprachigkeit. Diagnose von Sprachentwicklung und Förderung von Deutsch als Zweitsprache* (S. 125–130). Weinheim & München: Juventa.

Dollmann, J. & Kristen, C. (2010). Herkunftssprache als Ressource für den Bildungserfolg? *Zeitschrift für Pädagogik, 55. Beiheft*, 123–146.

Dornseiff, F. (Hrsg.) (1959). *Der deutsche Wortschatz nach Sachgruppen*. Berlin: de Gruyter.

Döll, M. (2013) Sächsisches Bildungsinstitut (Hrsg.). *Deutsch als Zweitsprache für die Sekundarstufe I. Zur Beobachtung von Kompetenz und Kompetenzzuwachs im Deutschen als Zweitsprache*. Radebeul.

Döll, M. (2012). *Beobachtung der Aneignung des Deutschen bei mehrsprachigen Kindern und Jugendlichen. Modellierung und empirische Prüfung eines sprachstandsdiagnostischen Beobachtungsverfahrens*. Münster: Waxmann.

Ehlich, K. (Hrsg.) (2005). *Anforderungen an Verfahren der regelmäßigen Sprachstandsfeststellung als Grundlage für die frühe und individuelle Förderung von Kindern mit und ohne Migrationshintergrund Bildungsforschung* (Bd. 11). Bonn, Berlin: Bundesministerium für Bildung und Forschung.

Ehlich, K., Bredel, U. & Reich, H.H. (Hrsg.) (2008). *Referenzrahmen zur altersspezifischen Aneignung – Forschungsgrundlagen. Bildungsforschung* (Bd. 29/II.) Bonn, Berlin: Bundesministerium für Bildung und Forschung.

Erhorn, J. (2012). *Das Bildungsnetzwerk des Sprach- und Bewegungszentrums Hamburg-Wilhelmsburg*. Zugriff unter http://www.epb.uni-hamburg.de/¬files/Das Bildungsnetzwerk des SBZ_27.11.2012.pdf.

Elle, J. (2016). Zwischen Fördern, Integrieren und Ausgrenzen. Ambivalenzen und Spannungsfelder im Kontext von Sprachlernklassen an Grundschulen. In: *movements, Jg 2, Heft 1*, 213–226.

Europäische Kommission (2005). *Mitteilung der Kommission an den Rat, das Europäische Parlament, den Wirtschafts- und Sozialausschuss und den Ausschuss der Regionen: Eine neue Rahmenstrategie für Mehrsprachigkeit.* Brüssel.

Eversly, J., Mehmedbegovic, D., Sanderson, A., Tinsley, T., Von Ahn, M. & Wiggins, R. (Hrsg.) (2010). *Language Capital. Mapping the Languages of London's School Children.* London.

Fillion, B. (1979). Language across the Curriculum. Examining the Place of Language in our Schools. *McGill Journal of Education 14 (1)*, 47–60.

Frieg, H., Belke, E., Belke, G., Kauffeldt, L., Hoffmann, R. & Bebout, J. (2014). *Dschungeltanz und Monsterboogie: Lieder zur systematischen Sprachvermittlung im Vor- und Grundschulalter.* Baltmannsweiler: Schneider Verlag

Fürstenau, S., Gogolin, I. & Kutlay, Y. (Hrsg.) (2003). *Mehrsprachigkeit in Hamburg.* Münster: Waxmann.

Fürstenau, S. & Lange I. (2011). Schulerfolg und sprachliche Bildung. Perspektiven für eine Unterrichtsstudie. In: P. Hüttis-Graf & P. Wieler (Hrsg.), *Übergänge zwischen Mündlichkeit und Schriftlichkeit im Vorschul- und Grundschulalter* (S. 37–54). Freiburg im Breisgau: Fillibach.

Fürstenau, S. (2016a). Mehrsprachigkeit im Unterricht. Eine Einführung. *Die Grundschulzeitschrift 294*, 29–31.

Fürstenau, S. (2016b). »Da kann ein Kind so viele Sprachen, und ich kann aber nur Deutsch.« Nachdenken mit Lehrer(inne)n über Sprachporträts. *Die Grundschulzeitschrift 294*, 39–41.

Gallin, P., Ruf, U. & Sitta, H. (1985). Verbindung von Deutsch und Mathematik – ein Angebot für entdeckendes Lernen. *mathematiklernen 9*, 17–27.

Gamlen, A. (2010). *International Migration Data and the Study of Superdiversity.* Max-Planck-Institut for the Study of Religious and Ethnic Diversity (MMG Working Papers 5), Göttingen.

Garcia, O. (Hrsg.). (2009). *Bilingual Education in the 21st Century. A Global Perspective.* Chichster: Wiley-Blackwell.

Gawlitzek-Maiwald, I. & Tracy, R. (1996). Bilingual Bootstrapping. *Linguistics 34/5*, 901-926.

Gawlitzek, I. & Kümmerling-Meibauer, B. (Hrsg.). (2013). *Mehrsprachigkeit und Kinderliteratur.* Stuttgart: Fillibach bei Klett.

Gehring, C., Jeuk, S., Schäfer, J. (2013). *Sprachstandbeobachtung für der die das 3/4, Schreiben und Lesen.* Berlin: Cornelsen.

Genese, F., Tucker G. R. & Lambert, W. E. (1975). Communication Skills of Bilingual Children. In: *Child Development 46*, 1010–1014.

Genese, F. & Nicoladis, E. (2007). Bilingual First Language Acquisition. In: E. Hoff, E. & M. Shatz (Hrsg.), *Blackwell Handbook of Language Development* (S. 324–342). Oxford.

Genese, F. (Hrsg.) (1987*). Learning through two Languages: Studies of Immersion and Bilingual Education*. Cambridge, MA: Newbury House.

Göbel, K., Vieluf, S. & Hesse, H. G. (2010). Die Sprachentransferunterstützung im Deutsch- und Englischunterricht bei Schülerinnen und Schülern unterschiedlicher Sprachlernerfahrung. *Zeitschrift für Pädagogik, 55. Beiheft*, 101–122.

Gogolin, I. (1995). Fremdsprachen im Vorschul- und Primarbereich. In: K. R. Bauch, H. J. Christ & H. J. Krumm (Hrsg.), *Handbuch Fremdsprachenunterricht*. Tübingen: Narr:

Gogolin, I. (2005). Bilinguale Literalisierung. In: B. Hufeisen & M. Lutjeharms (Hrsg.), *Gesamtsprachencurriculum. Integrierte Sprachendidaktik. Common Curriculum* (S. 89–100). Tübingen: Narr.

Gogolin, I. (2015). Vervielfältigung sprachlicher Vielfalt. Beobachtungen und Forschungsergebnisse zur sprachlichen Lage in Deutschland. *Migration und Soziale Arbeit, 37. Jhg., Heft 4*, 292–298.

Gogolin, I. & Lange, I. (Hrsg.) (2010). *Durchgängige Sprachbildung in der Praxis*. Münster: Waxmann

Gogolin, I., Neumann, U. & Roth, H.-J. (Hrsg.) (2003). *Schulversuch Bilinguale Grundschulklassen in Hamburg*. Bericht 2003. Hamburg.

Gogolin, I., Neumann, U. & Roth, H. J. (2007). *Bericht 2007. Abschlussbericht über die italienisch-deutschen, portugiesisch-deutschen und spanisch-deutschen Modellklassen. Schulversuch Bilinguale Grundschulklassen in Hamburg*. Universität Hamburg.

Gogolin, I. & Schwarz, I. (2004). »Mathematische Literalität« in sprachlich-kulturell heterogenen Schulklassen. *Zeitschrift für Pädagogik 50 (6)*, 835–848.

Gombos, G. (2008). Mehrsprachigkeit zwischen Bildungschance und Bildungsrisiko. *Österreichische Pädagogische Zeitschrift 158*, 10 – 19.

Goßmann, M. (2013). *Sprachförderung PLUS. Förderbausteine für den Soforteinsatz im Sachunterricht. Sachunterricht Natur*. Stuttgart: Klett.

Goßmann, M. (2014). *Sprachförderung PLUS. Förderbausteine für den Soforteinsatz – Text- und Sachaufgaben*. Stuttgart: Klett.

Grießhaber, W. (2013). Die Profilanalyse als Instrument der Sprachstandsvermittlung und Sprachförderung. In: U. Mehlem & S. Sahel (Hrsg.), *Erwerb schriftsprachlicher Kompetenzen im DaZ-Kontext* (S. 113–132). Stuttgart, Fillibach bei Klett.

Grießhaber, W. (2008). Schreiben in der Zweitsprache Deutsch. In: B. Ahrenholz & I. Oomen - Welke (Hrsg.), *Deutsch als Zweitsprache* (S. 228–238). Baltmannsweiler: Schneider-Verlag.

Grießhaber, W. (2006). Zweitspracherwerbsprozesse als Grundlage der Zweitsprachförderung. In: B. Ahrenholz (Hrsg.), *Deutsch als Zweitsprache – Voraussetzungen und Konzepte für die Förderung von Kindern und Jugendlichen mit Migrationshintergrund* (S. 31–48). Freiburg im Breisgau: Fillibach.

Grießhaber, W. (Hrsg.) (1999). *Die relationierende Prozedur. Zu Grammatik und Pragmatik lokaler Präpositionen und ihre Verwendung durch türkische Deutschlerner.* Münster: Waxmann.

Grießhaber, W. (2010). *Spracherwerbsprozesse in Erst- und Zweitsprache.* Duisburg: Univer.-Verl. Rhein-Ruhr.

Grießhaber, W. (2011). Zur Rolle der Sprache im zweitsprachlichen Mathematikunterricht. Ausgewählte Aspekte aus sprachwissenschaftlicher Sicht. In: S. Prediger & E. Özdil (Hrsg.), *Mathematiklernen unter Bedingungen der Mehrsprachigkeit. Stand und Perspektiven der Forschung und Entwicklung in Deutschland* (S. 77–96). Münster: Waxmann.

Grießhaber, W. (2012). Umerzählen – Schreiben auf der Basis eines Textes. In: S. Jeuk & J. Schäfer (Hrsg.), *Deutsch als Zweitsprache in Kindertageseinrichtungen und Schulen* (S. 173–188). Stuttgart: Fillibach bei Klett.

Grießhaber, W. (2013). Die Profilanalyse als Instrument zur Sprachstandsermittlung und Sprachförderung. In: U. Mehlem & S. Sahel (Hrsg.), *Erwerb schriftsprachlicher Kompetenzen im DaZ-Kontext* (S. 113–132). Stuttgart: Fillibach bei Klett.

Grießhaber, W. (Hrsg.) & Goßmann, M. (2013). *Sprachförderung PLUS. Förderbausteine für den Soforteinsatz im Regelunterricht. Deutsch – Mathematik – Sachunterricht.* Stuttgart: Klett.

Grießhaber, W. (Hrsg.) & Goßmann, M. (2015). *Sprachförderung PLUS. Förderbausteine für den Soforteinsatz im Regelunterricht.* Stuttgart: Klett.

Grießhaber, W. & Heilmann, B. (Hrsg.) (2012). *Diagnostik & Förderung leicht gemacht.* Stuttgart: Klett.

Heinze, A., Herwartz-Emden, L. & Reiss, K. (2007). Mathematikkenntnisse und sprachliche Kompetenz bei Kindern mit Migrationshintergrund zu Beginn der Grundschulzeit. *Zeitschrift für Pädagogik 53*, 562–581.

Helmke, A. & Weinert, F. E. (1997). Bedingungsfaktoren schulischer Leistungen. In: F. Weinert & E. Franz (Hrsg.), *Psychologie des Unterrichts und der Schule* (S. 71–176). Göttingen: Verlag Hogrefe.

Henrichs, J. (2016). Individuelle Förderung neu zugewanderter Schülerinnen und Schüler an der Theodor Goldschmidt Realschule. Von der Auffangklasse in die die Regelklasse. In: C. Benholz, M. Frank & C. Niederhaus (Hrsg.), *Neu zugewanderte Schülerinnen und Schüler – eine Gruppe mit besonderen Potentialen. Beiträge aus Forschung und Schulpraxis* (S. 83–92). Münster und New York: Waxmann.

Hering, W. (2009). *Fingerspiele von nah und fern und Bewegungshits von Moskau bis Marokko*. Ökotopia-Verlag.

Holtz, A. (1997). *Hör-, Mund- und Fingerspiele*. In: M. Wiedenmann (1997) (Hrsg.). *Handbuch Sprachförderung* (S. 154–202). Weinheim: Beltz.

Hövelbrinks, B. (2014). *Bildungssprachliche Kompetenz von einsprachig und mehrsprachig aufwachsenden Kindern. Eine vergleichende Studie in naturwissenschaftlicher Lernumgebung des ersten Schuljahres*. Weinheim und Basel: Beltz Juventa.

Hornberg, S. (2010). *Schule im Prozess der Internationalisierung von Bildung*. Münster: Waxmann.

Hornberg, S. & Valtin, R. (Hrsg.) (2011). *Mehrsprachigkeit. Chance oder Hürde beim Schriftspracherwerb? Empirische Befunde und Beispiele guter Praxis*. Berlin: Deutsche Gesellschaft für Lesen und Schreiben.

Hesse, H. G., Göbel, K. & Hartig, J. (2008). Sprachliche Kompetenzen von mehrsprachigen Jugendlichen und Jugendlichen nicht-deutscher Erstsprache. In DESI-Konsortium (Hrsg.), *Unterricht und Kompetenzerwerb in Deutsch und Englisch. Ergebnisse der DESI-Studie* (S. 208–230). Weinheim und Basel: Beltz.

Hobusch, A., Lutz, N. & Wiest, U. (2016). *Sprachstandsüberprüfung und Förderdiagnostik für Ausländer- und Aussiedlerkinder (SFD)*. (Komplett neu überarbeitete Auflage). Bergedorf: Persen.

Hopf, M. (2012). *Sustained Shared Thinking im frühen naturwissenschaftlich-technischen Lernen*. Münster, New York, München, Berlin: Waxmann.

Hüsler, S. (Hrsg.) (2009). *Kinderverse aus vielen Ländern*. Weimar, Berlin: Lambertus-Verlag.

Hufeisen, B. & Lutjeharms, M. (Hrsg.) (2005). *Gesamtsprachencurriculum. Integrierte Sprachendidaktik. Common Curriculum*. Tübingen: Narr.

Huxel, K. (2016). Mit Kindern Sprache(n) reflektieren. Beobachtungen im Unterricht mehrsprachiger Schulklassen. *Die Grundschulzeitschrift 294*, 48–50.

Ingenkamp, K. (1994). *KISTE: Kindersprachtest für das Vorschulalter*. Weinheim: Beltz.

Jampert, K., Thanner, V., Schattel, D., Sens, A., Zehnbauer, A., Best, P. & Laier, M. (Hrsg.). (2011). *Die Sprache der Jüngsten entdecken und begleiten*. Weimar und Berlin: Verlag das netz.

Jampert, K., Zehnbauer, A., Best, P., Sens, A., Leukefeld, K. & Laier, M. (Hrsg.). (2009). *Kinder-Sprache stärken! Sprachliche Förderung in der Kita: das Praxismaterial.* Weimar: Verlag das netz.

Jeon, M. (2003). Searching for a Comprehensive Rationale for Two-way Immersion. In: N. Hornberger (Hrsg.), *Continua of Biliteracy. An Ecological Framework for Educational Policy Research and Practice in Multilingual Settings* (S. 122–144). Clevdon etc.: Multilingual Matters.

Jeuk, S., Sinemus, A. Strozyk, K. (Hrsg.) (2009–2012). *der-die-das Sprache und Lesen. Klasse 1–4.* Berlin: Cornelsen.

Jeuk, S. (2011). *Sprachstandbeobachtung für der die das 1 und 2.* Berlin: Cornelsen.

Jeuk, S. & Schäfer, J. (2007). Beobachtung des Zweitspracherwerbs im Anfangsunterricht - Schwerpunkt Grammatik. *Grundschule Deutsch 14, 2/07,* 38–39.

Jeuk, S. (2015). Diagnose und Sprachstandsbeobachtung. In: Z. Kalkavan-Aydin, (Hrsg.), *Deutsch als Zweitsprache. Didaktik für die Grundschule* (S. 114–134). Berlin: Cornelsen.

Jusczyk, P., Friederici, A. D., Wessels, J., Svenkerud, V. Y., & Jusczyk, A. M. (1993). Infants' Sensitivity to the Sound Patterns of Native Language Words. *Journal of Memory and Language 32,* 402–420.

Kalkavan-Aydın, Z. (Hrsg.) (2015). Deutsch als Zweitsprache. Didaktik für die Grundschule. Berlin: Cornelsen.

Kany, W. & Schöler, H. (Hrsg.). (2007). *Leitfaden zur Sprachstandsbestimmung im Kindergarten.* Berlin: Cornelsen.

Kannengieser, S. (Hrsg.). (2009). *Sprachentwicklungsstörungen. Grundlagen, Diagnostik und Therapie.* München: Elsevier, Urban & Fischer.

Karro, Y. (2016 a). Traumatisierte Flüchtlingskinder. *Grundschule aktuell. Zeitschrift des Grundschulverbandes, Heft 134,* 6–8.

Karro, Y. (2016 b). Traumatisierte Flüchtlingskinder. *Grundschule aktuell. Zeitschrift des Grundschulverbandes, Heft 135,* 38–40.

Khakpour, N. (2016). Zugehörigkeitskonstruktionen im Kontext von Schulbesuch und Seiteneinstieg. In: C. Benholz, C, Frank, M. & Niederhaus, C. (Hrsg.), *Neu zugewanderte Schülerinnen und Schüler – eine Gruppe mit besonderen Potentialen. Beiträge aus Forschung und Praxis* (S. 151–170). Münster, New York: Waxmann.

Klafki, W. & Stöcker, H. (1976). Innere Differenzierung des Unterrichts. *Zeitschrift für Pädagogik, 22,* 497–523.

Klann-Delius, G. (1999). *Spracherwerb.* Stuttgart: Metzler.

Klann-Delius, G. (2008). Der kindliche Wortschatzerwerb. *Die Sprachheilarbeit, 53 (1),* 4–14.

Klassert, A. & Gagarina, N. (2010). Der Einfluss des elterlichen Inputs auf die Sprachentwicklung bilingualer Kinder: Evidenz aus russischsprachigen Migrantenfamilien. In: *Diskurs Kindheits- und Jugendforschung, Heft 4*, 413–425.

Klein, M. (1962). *Das Seelenleben des Kleinkindes*. Stuttgart: Klett.

Knapp, W., Kucharz, D. & Gasteiger-Klicpera, B. (Hrsg.). (2010). *Sprache fördern im Kindergarten. Umsetzung wissenschaftlicher Erkenntnisse in die Praxis.* Weinheim und Basel: Beltz Verlag.

Koch, A. & Verboom, L. (2017). Sprachbrille auf! im Mathematikunterricht. *Grundschulmagazin 1*, 12–20.

Kohl, E. M. & Ritter, M. (Hrsg.) (2011). *Die Stimmen der Kinder. Kindertexte in Forschungsperspektiven.* Baltmannsweiler: Schneider-Verlag.

Kohl, E. M. (Hrsg.). (2005). *Schreibspielräume. Freies und kreatives Schreiben mit Kindern.* Seelze-Velber: Friedrich-Verlag.

Koller, H. Ch. (2012). Bildung anders denken. Stuttgart: Kohlhammer.

KOM Kommission der Europäischen Gemeinschaften (2008), 566. *Mehrsprachigkeit: Trumpfkarte Europas, aber auch gemeinsame Verpflichtung.* Brüssel.

Kosmidis, K. (2006). *Is There a Language Temperature? And What Could We Learn from it? Statistical Mechanics of Language. Presentation at the GIAS Workshop on Language Simulations.* University Warsaw.

Krifka, M., Błaszczak, J., Leßmöllmann, A., Meinunger, A., Stiebels, B., Tracy, R. & Truckenbrodt, H. (Hrsg.). (2014). *Das mehrsprachige Klassenzimmer. Über die Muttersprachen unserer Schüler.* Berlin, Heidelberg: Springer-Verlag.

KMK (2004). *Vereinbarung über Bildungsstandards für den Primarbereich (Jahrgangsstufe 4). Beschluss der Kultusministerkonferenz vom 15.10. 2004.*

Krumm, H.-J. & Jenkins, E. (2001). *Kinder und ihre Sprachen – lebendige Mehrsprachigkeit. Sprachenportraits.* Wiener Verlagswerkstatt.

Kuhn, K. (Hrsg.). (2014). *ABC der Tiere. Lesen in Silben. Die Silbenfibel.* Offenburg: Mildenberger.

Küpelikilinc, N. & Tasan Özbölük, M. (2016). *Mehrsprachigkeit. Aktionen und Projekte in Kindertagesstätte und Schule.* Herausgeber: Magistrat der Stadt Frankfurt am Main, Amt für multikulturelle Angelegenheiten.

Lange, I. (2016). Sprachaufmerksamkeit. Im Unterricht die Aufmerksamkeit auf Sprache(n) lenken. *Die Grundschulzeitschrift 294*, 42–45.

Laurent, A. & Martinot, C. (2010). Bilingualism and Phonological Awareness: the Case of Bilingual (French – Occitan) Children. *Reading and Writing 23, Heft 3–4*, 435–452.

Leisen, J. (2010). *Handbuch Sprachförderung im Fach. Sprachsensibler Fachunterricht in der Praxis.* Stuttgart: Klett.

Lennertz, I. (2011). *Trauma und Bindung bei Flüchtlingskindern. Erfahrungsverarbeitung bosnischer Flüchtlingskinder in Deutschland*. Göttingen: Vandenhoeck & Ruprecht.

Leuchter, M. & Möller, K. (2014). Frühe naturwissenschaftliche Bildung. In: R. Braches-Chyrek, Ch. Röhner, H. Sünker & M. Hopf (Hrsg.), *Handbuch Frühe Kindheit* (S. 671–680.) Opladen, Berlin, Toronto: Budrich.

Li, M. (2015). *Zweitsprachförderung im frühen naturwissenschaftlichen Lernen. Linguistisch hochwertige Formate und interaktive Elemente der Unterrichtskommunikation*. Dissertation, Bergische Universität Wuppertal.

Lindholm, K. J. (1997). Two way Bilingual Education Programs in the United States. In: J. Cummins & D. Dorson (Hrsg.), *Encyclopedia of Language and Education, Vol. 5: Bilingual Education* (S. 271–280). Dordrecht: Kluwer.

Luchtenberg, S. (2001). Grammatik in Language Awareness-Konzeptionen. In P. Portmann-Tselikas & S. Schmölzinger-Eibinger (Hrsg.), *Grammatik und Sprachaufmerksamkeit* (S. 87–115). Innsbruck: Studien Verlag.

Lück, G. (2000). *Naturwissenschaften im frühen Kindesalter. Untersuchungen zur Primärbegegnung von Kindern im Vorschulalter mit Phänomenen der unbelebten Natur*. Münster: LIT Verlag.

Lüdtke, M. (2010). Relationale Didaktik in Sprach-Pädagogik und Sprach-Therapie: Historische Einbettung und aktuelle Forschung. In: *mitSprache, Österreichische Gesellschaft für Sprachheilpädagogik 1*, 21–47.

Lüdtke, U. & Stitzinger, U. (Hrsg.) (2015). *Pädagogik bei Beeinträchtigungen der Sprache*. München, Basel: Ernst Reinhardt Verlag.

Luria, A. R. (1969). Die Entwicklung der Sprache und die Entstehung der psychischen Prozesse. In: Z. Hiebsch (Hrsg.), *Ergebnisse der sowjetischen Psychologie* (S. 465–530). Stuttgart: Klett.

McGonigal, J. & Arzipe, E. (2007). *Learning to Read a New Culture. How Immigrant and Asylum-Seeking Children Experience Scottish Identity through Classroom Books. Final Report*. Edingburgh: Scottish Government. http://¬www.scotland.gov.uk./Publications/2007/10/31125406/0.

Madeira Firmino, N. (Hrsg.) (2015). *Bewegungsorientierte Sprachbildung in der frühen Kindheit. Eine empirische Studie zur bewegungsorientierten Sprachbildung im Krippenalltag unter Berücksichtigung familiärer Einbindung*. Bad Heilbrunn: Klinkhardt.

Massumi, M., von Dewitz, N. & Grießbach, J. (2016). *Neu zugewanderte Kinder und Jugendliche und junge Erwachsene. Entwicklungen im Jahr 2015*. Köln: Mercator-Institut für Sprachförderung und Deutsch als Zweitsprache und Zentrum für LehrerInnenbildung der Universität zu Köln (Hrsg.).

Mayr, T., Kieferle, Ch. & Schauland, N. (Hrsg.) (2014). *liseb Literacy- und Sprachentwicklung beobachten (bei Kleinkindern) und liseb-2 Fortgeschrittene*. Freiburg: Herder.

Mecheril, P. (2013). Was ist Migrationspädagogik? (http://www.gew-hb.de/¬Binaries/Binary19351/BLZ_2013-08u09-Seite8-9.pdf)

Mecheril, P. (Hrsg.). (2003). *Prekäre Verhältnisse. Über natio-ethno-kulturelle (Mehrfach-) Zugehörigkeit*. Münster: Waxmann.

Mehlem, U. (2013). Schreibanlässe und Schreibprozesse in der Grundschule – wie anschlussfähig für Migrantenkinder? In: U. Mehlem, U. & S. Sahel (Hrsg.), *Erwerb schriftsprachlicher Kompetenzen im DaZ-Kontext* (S. 133–162). Stuttgart: Fillibach bei Klett.

Mehlem, U. & Sahel, S. (2013). *Erwerb schriftsprachlicher Kompetenzen im DaZ-Kontext*. Stuttgart: Fillibach bei Klett.

Meisel, J. (Hrsg.) (2011). *First and Second Language Acquisition*. Cambridge.

Merklinger, D. (Hrsg.) (2011). *Frühe Zugänge zu Schriftlichkeit. Eine explorative Studie zum Diktieren*. Freiburg im Breisgau: Fillibach.

Meyer, M. & Prediger, S. (2011). Vom Nutzen der Erstsprache beim Mathematiklernen. Fallstudien zu Chancen und Grenzen erstsprachlich gestützter mathematischer Arbeitsprozesse bei Lernenden mit Erstsprache Türkisch. In: S. Prediger & E. Özdil (Hrsg.), *Mathematiklernen unter den Bedingungen der Mehrsprachigkeit, Stand und Perspektiven der Forschung und Entwicklung in Deutschland* (S. 185–204). Münster, New York, München, Berlin: Waxmann.

Mika, Ch. & Weis, I. (2016). Willkommensklasse statt Auffangklasse. Schulische Förderung und Integration neu zugewanderter Schülerinnen und Schüler in der Libellen-Grundschule in Dortmund. In: C. Benholz, M. Frank, C. Niederhaus, (Hrsg.), *Neu zugewanderte Schülerinnen und Schüler – eine Gruppe mit besonderen Potentialen. Beiträge aus Forschung und Schulpraxis* (S. 65–83). Münster und New York: Waxmann.

Mikota, J. (2013).»Ich lese zweisprachig!«: Erstleseliteratur und Mehrsprachigkeit - Eine Bestandsaufnahme. In: I. Gawlitzek & B. Kümmerling-Meibauer (Hrsg.), *Mehrsprachigkeit und Kinderliteratur* (S. 191–214). Stuttgart: Fillibach bei Klett.

Moser, U., Bayer, N. & Tunger, V. (2009). Entwicklung der Sprachkompetenzen in der Erst- und Zweitsprache von Migrantenkindern. *Babylonia*, 8–13.

Müller, N., Kupisch, T., Schmitz, K. & Cantone, K. F. (Hrsg.). (2007). *Einführung in die Mehrsprachigkeitsforschung: Französisch, Italienisch*. Tübingen: Narr.

Müller, N., Arnaus Gil, L., Eichler, N., Hager, M., Jansen, V., Patuto, M., Repetto, V., Schmeißer, A. (Hrsg.) (2013). *Code-Switching: Spanisch, Italienisch, Französisch. Eine Einführung*. Tübingen. Narr.

Müller; N., Schmitz, K. (2014). Mehrsprachigkeit von Geburt an: Vorteile, Schwierigkeiten und Wege dahin. In: R. Braches-Chyrek, Ch. Röhner, H. Sünker & M. Hopf (Hrsg.), *Handbuch Frühe Kindheit* (S. 199–214). Opladen, Berlin, Toronto: Budrich.

Nauwerk, P. (2013). Vorschulische Sprachförderung: Mehrsprachige Kinderliteratur als Wegbereiterin von der Mündlichkeit zur Schriftlichkeit. In: I. Gawlitzek & B. Kümmerling-Meibauer (Hrsg.), *Mehrsprachigkeit und Kinderliteratur* (S. 239–262). Stuttgart: Fillibach bei Klett.

Nayak, N., Hansen, N., Krueger, S. & McLaughlin, B. (1990). Language-Learning Strategies in Monolingual and Multilingual Adults. *Language Learning 40*, 221–244.

Nickel, S. (2014). Sprache und Literacy im Elementarbereich. In: R. Braches-Chyrek, Ch. Röhner, H. Sünker, & M. Hopf (Hrsg.), *Handbuch Frühe Kindheit* (S. 645–658). Opladen, Berlin, Toronto: Budrich.

Okay, E. (Hrsg.). (2004). *Eins von mir, eins von dir – bir benden, bir senden.* Anadolu-Verlag.

Ommundsen, Y., Løndal, K. & Loland, S. (2014). Sport, Children and Well-Being. In: A. Ben-Arieh, F. Casas, I. Frønes, J. & Korbin, J. (Hrsg.), *Handbook of Child Well-Being* (S. 911–940). Media Dordrecht: Springer Science & Business.

Ooomen-Welke, I. & Dirim, İ. (2013). *Mehrsprachigkeit in der Klasse – wahrnehmen – aufgreifen – fördern.* Stuttgart: Fillibach bei Klett.

Oomen-Welke, I. (2015). Zwei- und Mehrsprachigkeit – Lernwege und Potenziale. In: Z. Kalkavan-Aydın (Hrsg.), *Deutsch als Zweitsprache. Didaktik für die Grundschule* (S. 67–78). Berlin: Cornelsen.

Osburg, C. (2016). Zu Wort kommen. Funktionen der Schrift nutzen in heterogenen Sprachlerngruppen. *Deutsch differenziert, Heft 3*, 38–44.

Oskaar, E. (1980). Mehrsprachigkeit, Sprachkontakt, Sprachkonflikt. In: P. H. Nelde (Hrsg.), *Sprachkontakt und Sprachkonflikt* (S. 43–52). Wiesbaden: Steiner.

Paradies, L. & Linser, H. J. (Hrsg.). (2008). *Differenzieren im Unterricht* (3. Auflage). Berlin: Cornelson Scriptor.

Patuto, M., Hager, M., Arnaus Gil, L., Eichler, N., Jansen, V., Schmeißer, A. & Müller, N. (2014). Child-External and -Internal Factors in Bilingual Code-Switching: Spanish, Italian, French and German. In: A. Koll-Stobbe & S. Knospe, (Hrsg.), *Language Contact Around the Globe. Proceedings of the LCTG3 Conference* (S. 191–209). Frankfurt am Main: Lang.

Penner, Z. (Hrsg.). (2003). *Neue Wege der frühen Sprachförderung von Migrantenkindern.* Frauenfeld: Kon-lab GmbH.

Petermann, F. (2012). SET 5-10: *Sprachstandserhebungstest für Kinder von fünf bis zehn Jahren*. Göttingen: Hogrefe.

Piaget, J. (1975). *Sprechen und Denken des Kindes*. Düsseldorf: Schwann.

Pietsch, M. & Heckt, M. (2016). Family Literacy in Hamburg. Hält das Programm, was es verspricht? In: *Die Deutsche Schule, Beiheft 13*, 187–209.

Protassa, E. & Miettinen, S. (1992). Two Languages and Two Cultures: The Problem of the Integration of Russian Children in Finland. In: H. Nyssänen & L. Kuure (Hrsg.), *Acquisition of Language – Acquisition of Culture. A FinLA series No. 50* (S. 337–-356). Jyväskylä: Kopi-Jyvä OY.

Ramirez, G., Chen, X., Geva, E. & Kiefer, H. (2010). Morphological Awareness in Spanish-Speaking English Learning Learners: Within and Cross-language Effects on Word Reading. *Reading and Writing 23*, 337–358.

Ratte, E. (1968). Foreign Language and the Elementary School Language Arts Program. In: *French Review 42*, 80–85.

Redder A., Naumann, J. & Tracy, R. (Hrsg.) (2015). *Forschungsinitiative Sprachdiagnostik und Sprachförderung – Ergebnisse*. Münster: Waxmann.

Rehbein, J. (2012). Mehrsprachige Erziehung heute – Für eine zeitgemäße Erweiterung des »Memorandums zum Muttersprachlichen Unterricht in der Bundesrepublik Deutschland« von 1985. In: E. Winters-Ohle, B. Seipp & B. Ralle (Hrsg.), *Lehrer für Schüler mit Migrationsgeschichte. Sprachliche Kompetenz im Kontext internationaler Konzepte der Lehrerbildung* (S. 66–92). Münster, New York, München, Berlin: Waxmann.

Rehbein, J. (2011). ›Arbeitssprache‹ Türkisch im mathematisch-naturwissenschafltichen Unterricht der deutschen Schule – Ein Plädoyer. In: S. Prediger & E. Erkan (Hrsg.), *Mathematiklernen unter der Bedingung der Mehrsprachigkeit. Stand und Perspektiven der Forschung und Entwicklung in Deutschland* (S. 205–232). Münster, New York, München & Berlin: Waxmann.

Reich, H. H. (Hrsg.). (2009). *Zweisprachige Kinder. Sprachaneignung und sprachliche Fortschritte im Kindergartenalte*r. Münster, New York, München, Berlin: Waxmann.

Reich, H. & Roth, H.-J. (2004). *HAVAS 5. Hamburger Verfahren zur Analyse des Sprachstandes bei 5-jährigen*. Hamburg: Behörde für Bildung und Sport.

Repetto, V. (2010). *L'acquisizione bilingue: l'ordine dei costituenti della frase e loro realizzazione morfologica in italiano e in tedesco*. Dissertation, Bergische Universität Wuppertal/Università di Napoli.

Repetto, V. & Müller, N. (2010). The Acquisition of German V2 in Bilingual Italian-German Children Residing in Germany and Italy: a Case of Acceleration? In: V. Torrens (Hrsg.), *Movement: Theory and Acquisition* (S. 69–93). Newcastle upon Tyne.

Riehl, C.M. (2007). Mehrsprachigkeit – Ressource und Bildungsziel. In: Internationale Friedensschule Köln (Hrsg.), *Erziehung zum Frieden. Beiträge zum Dialog der Kulturen und Religionen in der Schule* (S. 193–202). Berlin: LIT-Verlag.

Ritter, A. & Ritter, M. (Hrsg.). (2012). *Schreibkompetenz und Schriftkultur. Ein Lese- und Arbeitsbuch*. Frankfurt am Main: Grundschulverband.

Röber, Ch. (2013a). Lieder für den Ausbau sprachlichen Wissens in mehrsprachigen Klassen als Potential für das Schreiben und das literate Sprechen des Deutschen. In: I. Gawlitzek & B. Kümmerling-Meibauer (Hrsg.), *Mehrsprachigkeit und Kinderliteratur* (S. 263–288). Stuttgart: Fillibach bei Klett.

Röber, Ch. (2013b). *Die Leistungen der Kinder beim Lesen- und Schreibenlernen. Grundlagen der Silbenanalytischen Methode*. Beitmannsweiler: Schneider Verlag:

Röhner, Ch. (1999). Schreiben: Wege zum Ich – Wege zur Welt. Themenheft. *Die Grundschulzeitschrift 13. (126).*

Röhner, Ch. (1997). *Kindertexte im reformorientierten Anfangsunterricht. Zur personalen und sozialen Bedeutung des Schreibens in der Grundschule*. Baltmannsweiler: Schneider-Verlag.

Röhner, Ch., Blümer, H., Hopf, M., Li, M. & Hövelbrinks, B. (2009). Abschlussbericht »Sprachförderung von Migrantenkindern im Kontext frühen naturwissenschaftlich-technischen Lernens«. Bergische Universität Wuppertal. (http://¬ www.erziehungswissenschaft.uni-wuppertal.de/fileadmin/erziehungswissen¬ schaft/fach_paedagogik-der-fruehen-kindheit/Abschlussbericht-Nawiprojekt.¬ pdf) Zugriff am 30.03.2015

Röhner, Ch. & Hövelbrinks, B. (Hrsg.) (2013). *Fachbezogene Sprachförderung in Deutsch als Zweitsprache. Theoretische Konzepte und empirische Befunde zum Erwerb bildungssprachlicher Kompetenzen*. Weinheim und Basel: Beltz Juventa.

Röhner, Ch., Li, M. & Hövelbrinks, B. (2010). Fragestrategien im fachbezogenen Sprachförderunterricht. In: K.-H. Arnold, K. Hauenschild, B. Schmidt & B. Ziegenmeyer (Hrsg.), *Zwischen Fachdidaktik und Stufendidaktik. Perspektiven für die Grundschulforschung* (Jahrbuch Grundschulforschung, Bd. 14), (S. 89–92). Wiesbaden: VS-Verlag.

Römhild, R. & Vertovec, S. (Hrsg.). (2009). *Diversity and Integration in Frankfurt. Entwurf eines Integrations- und Diversitätskonzepts für die Stadt Frankfurt am Main*. Frankfurt: Magistrat der Stadt Frankfurt am Main.

Ronjat, J. (Hrsg.). (1913). *Le développement du langage observé chez un enfant bilingue*. Paris.

Rösch, H. (2013). Mehrsprachige Kinderliteratur im Literaturunterricht. In: I. Gawlitzek & B. Kümmerling-Meibauer (Hrsg.), *Mehrsprachigkeit und Kinderliteratur* (S. 143–168). Stuttgart: Fillibach bei Klett.

Rösch, H. & Paetsch, J. (2011). Sach- und Textaufgaben im Mathematikunterricht als Herausforderung für mehrsprachige Kinder. In: S. Prediger & E. Özdil (Hrsg.), *Mathematiklernen unter Bedingungen der Mehrsprachigkeit. Stand und Perspektiven der Forschung und Entwicklung in Deutschland* (S. 55–76). Münster, New York, München, Berlin: Waxmann.

Roßbach, H.-G. & Wellenreuther, M. (2002). Empirische Forschungen zur Wirksamkeit von Methoden der Leistungsdifferenzierung in der Grundschule. In: F. Heinzel & A. Prengel (Hrsg.), *Heterogenität, Integration und Differenzierung in der Primarstufe* (S. 44–57). Opladen: Budrich.

Roth, H.-J. (Hrsg.). (2002). *Kultur und Kommunikation. Systematische und theoriegeschichtliche Umrisse Interkultureller Pädagogik*. Opladen: Budrich.

Ruberg, T., Rothweiler, M. & Koch-Jensen, L. (Hrsg.) (2013). *Spracherwerb und sprachliche Bildung*. Köln: Bildungs Eins Verlag.

Ruf, U. & Gallin, P. (1995). *Sprache und Mathematik. Ich mache das so! Wie machst du es? Das machen wir ab (1.-3. Schj.)*. Zürich: Interkantonale Lehrmittelzentrale des Kantons Zürich.

Sächsisches Bildungsinstitut (Hrsg.) (2013). *Niveaubeschreibungen Deutsch als Zweitsprache für die Sekundarstufe I. Zur Beobachtung von Kompetenz und Kompetenzzuwachs im Deutschen als Zweitsprache*. Radebeul.

Sahel, S. (2013). Ein Kompetenzstufenmodell für die Nominalphrasenreflexion im Erst- und Zweitspracherwerb. In: U. Mehlem & S. Sahel (Hrsg.), *Erwerb schriftsprachlicher Kompetenzen im DaZ-Kontext* (S. 185–210). Stuttgart, Fillibach bei Klett.

Said, E. (Hrsg.) (1978). *Orientalism. Western Conceptions of the Orient*. London: Penguin.

Schader, B. (2004). *Sprachenvielfalt als Chance. 101 praktische Vorschläge*. Troisdorf: Bildungsverlag EINS.

Scharff Rethfeldt, W., Schrey-Dern, N. & Lauer, N. (Hrsg.) (2013). *Kindliche Mehrsprachigkeit*. Stuttgart, New York: Thieme.

Schroeder, Ch. & Stölting, W. (2005). Mehrsprachig orientierte Sprachstandsfeststellungen für Kinder mit Migrationshintergrund. In: I. Gogolin, U. Neumann & H.-J. Roth (Hrsg.), *Sprachdiagnostik bei Kindern und Jugendlichen mit Migrationshintergrund* (S. 59–74). Münster: Waxmann.

Schründer-Lenzen, A. & Merkens, H. (2006). Differenzen schriftsprachlicher Kompetenzentwicklung bei Kindern mit und ohne Migrationshintergrund.

In: A. Schründer-Lenzen (Hrsg.), *Risikofaktoren kindlicher Entwicklung* (S. 15–44). Wiesbaden: VS Verlag.

Schulz, P. & Tracy, R. (Hrsg.) (2012). *Linguistische Sprachstandserhebung DaZ LiseDaZ*. Göttingen: Hogrefe.

Selting, M. (Hrsg.) (1995). *Prosodie im Gespräch. Aspekte einer interaktionalen Phonologie der Konversation.* Tübingen: Niemeyer.

Sirja-Blachtford, I. & Sirja-Blachtford, J. (2002). Discriminations between Schemes and Schema in Young Children's Emergent Learning of Science and Technology Discrimination. *International Journal of Early Years Education 10 (3)*, 205–215.

Skinner, B. F. (1957). *Verbal Behavior*. Acton: Copley Publishing Group.

Spivak, G. C. (1985). The Rani of Simur. In: F. Barker (Hrsg.), *Europe and its Others* (S. 128–151). Colchester: University of Essex Press.

Staatsinstitut für Bildungsforschung München (Hrsg.) (2002). *Screening für Schulanfänger*. Stuttgart: Klett.

Steinig, W., Betzel, D., Geider, F. J. & Herbold, A. (2009). *Schreiben von Kindern im diachronen Vergleich. Texte von Viertklässlern aus den Jahren 1972 und 2002*. Münster: Waxmann.

Thoma, D. & Tracy, R. (2006). Deutsch als frühe Zweitsprache: zweite Erstsprache? In: B. Ahrenholz (Hrsg.), *Kinder mit Migrationshintergrund – Spracherwerb und Fördermöglichkeiten* (S. 58–79). Freiburg im Breisgau: Fillibach.

Thomas, B. (2011). Differenzierung. In: W. Einsiedler, M. Götz, A. Hartinger, F. Heinzel, J. Kahlert, Joachim & U. Sandfuchs (Hrsg.), *Handbuch Grundschulpädagogik und Grundschuldidaktik* (S. 360 – 367). Bad Heilbrunn: Verlag Julius Klinkhardt.

Tomasello, M. (Hrsg.). (2003). *Constructing a Language: a Usage-Based Theory of Language Acquisition*. Cambridge, London: Harvard University Press.

Tracy, R. (2014). Spracherwerb und Mehrsprachigkeit. In: R. Braches-Chyrek, Ch. Röhner, H. Sünker & M. Hopf (Hrsg.), *Handbuch Frühe Kindheit* (S. 185–198). Opladen, Berlin, Toronto: Budrich.

Tracy, R. (Hrsg.). (2008). *Wie Kinder Sprachen lernen. Und wie wir sie dabei unterstützen können*. Tübingen: Francke.

Valtin, R. & Naegele, I. (Hrsg.) (1986). *»Schreiben ist wichtig!« Grundlagen und Beispiele für kommunikatives Schreiben(lernen)*. Frankfurt am Main: Arbeitskreis Grundschule e. V.

Vertovec, S. (2007). Super-diversity and its implications. In: *Ethnic and Racial Studies 29 (6)*, 1024–1054.

Vollmer, H. J. (2011). *Schulsprachliche Kompetenzen: Zentrale Diskursfunktionen*. Osnabrück: Unver. Manuskript. [www Dokument] www.home.uni-osnabrück.de/hvollmer/VollmerDF-Kurzdefinitionen.pdf.

Vollmer, H. J. & Thürmann, E. (2013). Sprachbildung und Bildungssprache als Aufgabe aller Fächer in der Regelschule. In: M. Becker-Mrotzek, K. Schramm, E. Thürmann & H. J. Vollmer, (Hrsg.), *Sprache im Fach. Sprachlichkeit und fachliches Lernen* (S. 41–58). Münster, New York, München, Berlin: Waxmann.

Vollmer, H. J. & Thürmann, E. (2010). Zur Sprachlichkeit des Fachlernens: Modellierung eines Referenzrahmens für Deutsch als Zweitsprache. In: B. Ahrenholz (Hrsg.), *Fachunterricht und Deutsch als Zweitsprache* (S. 107–132). Tübingen: Narr.

Wiedenmann, M. (2012). Ansätze zu einer Diagnostik von Sprachleistungen bei Kindern mit Migrationshintergrund. In: W. Ulrich (Hrsg.), *Deutschunterricht in Theorie und Praxis (DTP)* (S. 276 ff). Baltmannsweiler: Schneider Verlag.

Wiedenmann, M. & Holler-Zittlau, I. (Hrsg.). (2007). *Handbuch Sprachförderung*. Weinheim: Beltz.

Wildemann, A. (2013). Mulitliterale Kompetenzen fördern. In: I. Oomen-Welke & I. Dirim (Hrsg.), *Mehrsprachigkeit in der Klasse wahrnehmen – aufgreifen – fördern* (S. 97–108). Stuttgart: Fillibach bei Klett.

Winnicott, D. (1969). Übergangsobjekte und Übergangsphänomene. Eine Studie über den ersten, nicht zum Selbst gehörenden Besitz. *Psyche* 23, 9 f.

Wirtgen, W., Iskenius, E.-L. & Eisenberg, W. (2010). Wunden, die nicht verheilen – Kinderflüchtlinge in Deutschland – Leben unter Vorbehalt. In: H. Kauffmann & A. Riedelsheimer (Hrsg.), *Kindeswohl oder Ausgrenzung? Flüchtlingskinder in Deutschland nach der Rücknahme der Vorbehalte* (S. 110–125). Karlsruhe: Loeper Literaturverlag.

Wlossek, I. (2012). Sprachförderung unter besonderer Berücksichtigung der Erstsprache am Beispiel des Augsburger Stadtteilmütterprojekts. In: B. Ahrenholz & W. Knapp (Hrsg.), *Sprachstand erheben – Spracherwerb erforschen* (S. 73–94). Stuttgart: Fillibach bei Klett.

Wode, H. (2004). *Frühes Fremdsprachenlernen. Englisch ab Kita und Grundschule*. Verein für frühe Mehrsprachigkeit an Kindertagesstätten und Schule. Kiel.

Wode, H., Devich-Henningsen, S., Fischer, U., Franzen, V. & Pasternak, R. (2002). Englisch durch bilinguale Kitas und Immersionsunterricht in der Grundschule: Erfahrungen aus der Praxis und Forschungsergebnisse. In: B. Voss & E. Stahlhebr (Hrsg.), *Fremdsprachen auf dem Prüfstand: Innovation – Qualität – Evaluation* (S. 139–149). Berlin: Pädagogischer Zeitschriftenverlag.

Vygotskij, L. S. (2002; 1934). *Denken und Sprechen*. Weinheim: Beltz.

Zimmer, R. (2005). *Bewegung und Sprache. Erarbeitung eines Konzeptes zur Verknüpfung des Entwicklungs- und Bildungsbereichs Bewegung mit der sprachlichen Förderung in Kindertagesstätten.* Expertise im Auftrag des Deutschen Jugendinstituts. München.

Zimmer, R. (Hrsg.) (2010*). Bewegung, Körpererfahrung & Gesundheit.* Berlin: Cornelsen.

Zimmer, R. (2011). Bewegung – Motor kindlicher Entwicklung. In: H. Keller (Hrsg.), *Handbuch Kleinkindforschung* (4. vollständig überarbeitete Auflage) (S. 1112–1129). Bern: Verlag Heinz.

Zimmer, R. (2014). *Handbuch Bewegungserziehung. Grundlagen für Ausbildung und pädagogische Praxis.* (1. Ausg. d. überarb. Neuausg., 26. Gesamtaufl.) Freiburg: Herder.

Quellen

SFD – Sprachstandsüberprüfung und Förderdiagnostik für Ausländer- und Aussiedlerkinder
https://www.testzentrale.de/shop/sprachstandsueberpruefung-und-foerderdiagnostik.html (Zugriff 29.03.2017)

Niveaubeschreibungen Deutsch als Zweitsprache für die Primarstufe
http://www.biss-sprachbildung.de/biss.html?seite=122&Id=39
(Zugriff 19.02.2017)

HAVAS 5 – Das Hamburger Verfahren zur Analyse des Sprachstands Fünfjähriger
https://www.foermig.uni-hamburg.de/publikationen/diagnoseinstrumente/havas-5.html (Zugriff 29.03.2017)

Profilanalytische Verfahren, Sprachprofilbogen Grieshaber 2009, revidierte Version
http://spzwww.uni-muenster.de/griesha/sla/tst/profilbogeng-0906.pdf
(Zugriff 29.03.2017)

Die Bundeszentrale für gesundheitliche Aufklärung Risiken und Störungen in der Sprachentwicklung.
https://www.kindergesundheit-info.de/index.php?id=7662 Zugriff am 7.1.2017

Meilensteine der Sprach- und Sprechentwicklung mit Hörbeispielen
http://www.dbl-ev.de/kommunikation-sprache-sprechen-stimme-schlucken/normale-entwicklung/sprach-und-sprechentwicklung.html (Zugriff 29.03.2017)

Erwerb der Artikulationsfertigkeiten
http://www.dbl-ev.de/kommunikation-sprache-sprechen-stimme-schlucken/normale-entwicklung/sprach-und-sprechentwicklung.html (Zugriff 29.03.2017)

Prosodie
https://de.wikipedia.org/wiki/Prosodie (Zugriff 28.03.2017)

Materialordner: Das »Grammatische Geländer« für die Unterrichtspraxis
http://li.hamburg.de/publikationen-2015/4510780/grammatisches-gelaender/ (Zugriff 28.03.2017)

Petra Büker (Hrsg.)

Kinderstärken – Kinder stärken Erziehung und Bildung ressourcenorientiert gestalten

2015. 178 Seiten
Kart. € 29,99
ISBN 978-3-17-025240-0

auch als EBOOK

KinderStärken, Band 1

Kinder verfügen für die Gestaltung ihrer pluralen, komplexen Lebenswelten über enorme Stärken, die es durch Familie, Peers sowie pädagogische Fach- und Lehrkräfte als kompetente Mit-Akteure zu erkennen und zu stärken gilt. Diese Grundidee wird in der Reihe „KinderStärken" aufgegriffen und entlang der Lebensspanne von der Geburt bis zum Übergang in die weiterführende Schule in zehn Bänden kritisch und differenziert beleuchtet. Dieser Auftaktband zur Reihe bietet zunächst eine interdisziplinäre theoretische Fundierung des Paradigmas des kompetenten Kindes. Neun weitere Beiträge vertiefen den Ansatz einer ressourcenorientierten Pädagogik in Familie, KiTa und Grundschule in Form fokussierter Problemaufrisse. Auf diese Weise liefert dieser Band komprimiertes, fundiertes Fachwissen über Bedürfnisse von Kindern unter 10 und daraus resultierender Ansprüche für professionelle Bildungsbegleitung.

Professor Dr. Petra Büker lehrt und forscht am Institut für Erziehungswissenschaft der Universität Paderborn.

Leseproben und weitere Informationen unter www.kohlhammer.de

W. Kohlhammer GmbH
70549 Stuttgart

Solveig Chilla
Sandra Niebuhr-Siebert

Mehrsprachigkeit in der KiTa

Grundlagen – Konzepte – Bildung

2017. 224 Seiten
Kart. € 29,–
ISBN 978-3-17-022182-6

Viele Kinder in Deutschland wachsen mehrsprachig auf. Sie haben ein Recht auf mehrsprachige Bildung. In der KiTa profitieren Kinder in ihren Entwicklungswegen von pädagogischen Fachkräften, die Mehrsprachigkeit optimal unterstützen und fördern. Das Buch trägt dazu bei, das pädagogische und sprachwissenschaftliche Basiswissen zu erweitern. Aus einer konsequent pädagogischen Perspektive heraus werden grundlegende Informationen zur mehrsprachigen Entwicklung im Kindesalter und diagnostische Fragestellungen in diesem Kontext vorgestellt. Im Mittelpunkt der weiteren Ausführungen stehen die konkreten Möglichkeiten, mehrsprachige Bildung im Kindergarten zu gestalten, wobei Lernarrangements im Kindergarten sowie Kooperation mit Eltern und die Gestaltung von Übergängen im Zentrum stehen.

Dr. Solveig Chilla ist Professorin für Sprachbehindertenpädagogik an der Pädagogischen Hochschule Heidelberg. **Dr. Sandra Niebuhr-Siebert** ist Professorin und Studiengangsleiterin „Sprache und Sprachförderung in Sozialer Arbeit" an der Fachhochschule Clara Hoffbauer Potsdam.